講義再現版 第3版

伊藤真［著］

伊藤真の
行政法入門

The Guide to Administrative Law
by Makoto Itoh.
The third edition

日本評論社

……第3版　はしがき

第３版の制作をしている今、社会はCovid-19感染蔓延に対応するためのさまざまな変化に直面しています。

この新しいコロナウイルスへの対応は、行政の役割の重要性を強く認識させる結果となりました。そして、行政法を学ぶ上で重要な、法律による行政の原則のもとでの、行政目的の迅速かつ効率的な達成と、憲法が保障する国民の権利利益の保護をいかに調整するかという視点を提供してくれました。

まず、感染力の強い未知のウイルスが海外で発生した、といったような国民の生命、身体に対する危険が生じた場合にまっさきに対応を求められるのは行政です。移動の自粛を求めたり、行政指導をするなどの対応を行政は模索することになります。

次に、ウイルスの特性がある程度明らかになり、人々の行動制限が有効であると判明した段階で、海外の多くの国では「ロックダウン」を行い、警察官が取り締まるなどをしていましたが、これは、国家の役割のひとつとして重要なものです。ところが日本では、国民の行動や移動、一定の活動を制限するという権力的な行為を、行政に与えるという法律を作らずに、もっぱら「自粛」を要請するという、権力性がなく、また法的拘束力のない手法で行政目的を達成しようとしました。

この対応の違いに対する有効性や評価については、このウイルス感染が収束してから改めて検証されることになるでしょうが、それをただ漫然と待つのではなく、自主的に学び、考え、自らの意見をもてるようになることが、法律を学ぶ醍醐味です。

きっと、この本を読み終わった後には、新型コロナ禍での行政問題にとどまらず、今までとは違った視点で、さまざまな行政法に関わる社会問題を捉えることができることでしょう。

それでは、さっそく行政法の学習を開始します。

2021年9月

伊藤　真

伊藤塾ホームページ　https://www.itojuku.co.jp/

……新シリーズ刊行にあたり

この「伊藤真の法律入門シリーズ」は、1997年に初版を刊行してから幸いにも版を重ねることができ、大学生や社会人はもちろん、中高生から主婦の方々まで幅広く読んでいただくことができました。法の基本的な考え方を広く伝える趣旨で、韓国版も出版しています。そして今回、既刊の六法に新たに『行政法入門』と『法学入門』を加え、全８巻としてリニューアルすることとなりました。

さて、今回はリニューアルにあたって３つの点に留意しました。

１つめは、具体例やエピソードを新しく、かつわかりやすいものに入れ替えたことです。法律の学習というと、条文を覚えることをイメージしがちですがそうではありません。法律は具体的な事件を解決するための道具なのです。ですから、法律のあるテーマがわかったというのは、具体例でいえばこうなる、ということがわかることです。この具体例の多くは社会の身近にある例ですから、法律は、学習すればするほど世の中のことがわかるようになるのです。それが法律を学ぶ楽しさでもあります。具体例やエピソードを重視したのはそういう趣旨です。

２つめは、法律学習の基礎をより重視したことです。基礎がしっかり理解できていれば、身近に起きた真新しい法律問題にも、自分の頭で考えることができるようになります。法律の基礎には、用語の意味や考え方、具体例など色々なものがありますが、なかでも特に重要なのは、法律の全体像を把握することです。「体系的理解」ともいいます。それが身につけば、法律的な事件が起きたときに、法律の全体を見渡して問題点を見つけだし、法的に考えていくことができるようになります。このシリーズでは、細かな部分を省略したり、学者的な表現をあえて避けているところがありますが、その多くは、体系的理解を早く身につけてもらうことを狙ったものです。

３つめは、市民にとってよりわかりやすくなるように配慮したことです。法律は具体的事件を解決する道具なのですが、これまで日本では、暴力団や示談屋、政治家、地域のボスが事件に介入して解決したり、あるいは泣き寝入りしたりで、法律を使って事件が解決されてきたのはわずかにすぎないものといわれています。しかし、個々人がみずから自律的に行動し、その結果、紛争が起きれば法にのっとって解決していくことこそが、自由で公正な社会のあり方です。一連の司法制度改革はそのような社会を実現しようとするものですが、必ずしも十分な成果をあげられていません。むしろ、私たち市民のほうが、主体的に学習して法律を身につけ、法律的な事件をみずから考えることができる社会こそ、本当に自由で公正な社会といえるでしょう。市民にとってわかりやすくなるように意を注いだのは、そういう未来を作り出すための法教育の一環です。

この本を手にした方が、法律学習の面白さを感じながら法律を身につけ、法を身近なものに感じることができるようになることを願っています。

では、早速授業を始めます。

2015年４月

伊藤　真

……はじめに

行政法は身近な法です。

喫茶店や中古品のネット通販等の自営業を始めるならば、役所に行って営業許可を受けたり、届出をしたりすることが必要です。自動車を運転するならば運転免許をとらなければなりません。自分の土地だからといって、どんな建物でも建てることができるわけではなく、その種類や高さなどは法で規制されています。横断歩道を赤信号で渡るとどういう罰を受けるか、水道料金や電気料金はどうやって決まるか、さらにはごみの分別にいたるまで、これらのことはすべて、法分野でいえば行政法が扱う領域です。行政法は、私たちの日常生活に密接に関わる法なのです。

しかも、行政法は、現代国家において不可欠な法です。

国が、国防や警察活動など最小限の機能さえ果たせばよいというのは、近代国家にみられる「小さな政府」の思想でした。しかし、現代の福祉国家では、国民のさまざまな要望に行政が中心となって対応していくことが期待されています。こうして「大きな政府」となった行政権は、コントロールできないほど肥大化する一方で、私たちの日常生活の細部にまで介入するようになってきました。行政が、国民の自由や財産、プライバシーや個人情報を侵害する危険は、国民の行政依存度に比例して高まっています。行政活動に監視の目を向けることは、国会や裁判所だけでなく、私たち1人ひとりが行うべきことです。自由な社会を維持していくためには、行政活動が法に則して行われているかどうかを、1人ひとりの国民がチェックしていく意識をもつことが必要なのです。

行政法は、憲法との関わりでも重要な法分野です。

行政法は、行政活動を法律で規律することによって、国民の権利利益を守るための法です。そのような法律は、憲法に則して、憲法価値を実現するために定められるべきものですから、行政法は行政活動を通じて憲法を具体化するための法といえます。いくら憲法上に、基本的人権の尊重や国民主権の理想を掲げても、それだけで憲法の価値が具体化できるわけではありません。その価値を具体化する役割を担うさまざまな法が必要です。その中心となるのが行政法なのです。

このシリーズの『伊藤真の憲法入門』のはしがきで、私は、憲法の価値、特に立憲主義と人権意識が社会に浸透していないことを指摘しました。残念ながら、今日でも状況はあまり変わっていません。憲法の理念を今まで多くの人々に語ってきて感じるのは、その理念が私たちの日常生活にどのように具体化しているのか、そういう切り口から語る人たちが少ないことです。それこそが、日本人の立憲主義の理解と人権意識が高まらない原因のひとつのように思います。

そこで、憲法の理想を日常生活に身近な行政法の切り口から語り、憲法と一体となっている行政法を、広く一般の人々に知ってほしい。そう思って書きあげたのが本書です。

ただ、本来一体として考えられるべき憲法と行政法が、学界でも行政実務界でも、特に戦後は別々の法分野として関連づけずに考察されてきたのが日本の状況でした。学界では憲法と行政法とを関連づけた論文は多くありませんし、実務界でも、憲法が、ともすれば机上の理想論と扱われてきた面もないわけではありません。それが今日の行政法の第１の特徴のように思います。

第２の特徴は、田中二郎博士によって戦後、いったん完成したかにみえる日本の行政法理論が、その後、徹底的に批判され、崩壊しかかりながらも、他方で確固とした行政法理論は確立されない状態にある、という点です。行政法をどういう視点から捉えていくべきかというバック・ボーンの問題に直面しているのです。そのときに、憲法と行政法とを一体として捉えて考えていくというのは、ひとつの重要な視点ではないかと私は考えています。

本書は、本格的な行政法の勉強に入る前の入門書として書かれています。入門書ですから、科目の全体像を簡潔に示すことがその役割のひとつです。科目の全体像をつかんで、スムーズに本格的な勉強に入ることができるような学習スキルを身につける役割がありますが、第２編以降でそのような任務を果たしたつもりです。

ただ、入門書にはもうひとつの役割があると私は考えています。それは、たとえば憲法ならば、立憲主義や個人の尊重のような、その法の精神を身につけることです。私が本書で一番伝えたかったのは、このような学習スピリットです。行政法に登場する個々の問題を考えるときに、ぜひ、憲法の議論と関連づけて考えてください。先にも触れたように、憲法と行政法とは、両者が十分に関連づけられずに今日まで来た一方で、行政法は、自分自身の存在根拠を探している状況です。こういう状況であればこそ、行政法を憲法的に考えてみるチャンスといえます。憲法的行政法という視点は、まだ十分な蓄積があるわけではありませんから、憲法的行政法の学習スキルを入門書でかみ砕いて伝えることはできません。しかし、その学習スピリットは伝えられるはずです。あえて、第１編「憲法と行政法」として、憲法と行政法との関係に紙幅を割いたのもそうした理由からです。

本書が読者として想定しているのは、法曹志望者だけではなく、法に興味をもつあらゆる人たちです。私は常々、憲法の人権や民主主義の素晴らしさを少しでも多くの方に知ってもらうために、講演などを通じて一般の人々に憲法を広める活動を行っています。講演の度に思っていたことがあります。日常生活に身近な行政法を、憲法的な視点で語ることができれば、より具体的な形で憲法の素晴らしさをさらに多くの方々に身近で具体的なものとして伝えることができるのではないかということです。ですから、第１編の「憲法と行政法」で伝えようとした憲法的行政法のスピリットは、一般の読者にもぜひ理解していただきたいところです。先にも触れたように、行政法は憲法の価値を具体化する法でもあります。そのため、多少難しいと感じても、憲法的視点で何度か読めば必ず理解できるはずです。

行政法を憲法的にみる視点をもち、憲法と行政法との垣根を少しでも低くできれば幸いです。

2011年３月

伊藤　真

伊藤真の行政法入門
第３版

◉

目　次

第2編　行政法とは何か

第1編
憲法と行政法

第1章　行政法という法

I　日常生活と行政法

行政の活動は市民生活の隅々に及んでいます。

たとえば、自宅の作業所で自動車部品を製作しているＡさんは、作業所が手狭になってきたので大きな工場を作ろうと考えました。まず必要なのは、土地を手にいれることです。土地を買うか借りるかして、工場を建てることになるでしょう。土地を買うのは売買、借りるのは賃貸借、工場を建てさせるのは請負、それぞれ民法上の契約です。民法上の契約は、「売ってくれ」「いいよ」という申込と承諾の意思表示が合致すれば成立します。

やっかいなのは役所（行政）との関係です。

工場用地が、「用途地域指定」を受けているとどうなるでしょうか。用途地域指定とは、都市計画法という法律が定めている土地の利用規制です。たとえば、住居専用に用途地域指定されると、工場を建てることはできなくなります。ですから、工場を建てようとするならばまず、土地の利用規制がどうなっているかを知らなければなりません。

また、煙を出す工場になりそうならば、大気汚染防止法が求める規制をクリアしていなければなりません。

騒音を出すなら、騒音防止法で届出が求められます。

工場を建てるだけでも、行政との関係では法律がいろいろな規制をしているのです。

工場の例を離れても、みなさんの日常生活には行政活動があふれています。

毎日利用している水道も行政が提供しているものですし、ごみ収集も、市町村が民間業者に委託している行政サービスです。学校も警察も行政活動です。

多くの人は自動車の運転免許をもっているでしょう。運転免許を与える、というのは、公安委員会が自動車の運転について許可を与えるという行政行為です。目の悪い人なら免許証に「眼鏡等」とありますが、これは免許という行政行為に条件を付したものです。免許をもっていなくとも、道路を利用する市民は「赤信号で止まる」というルールを守らなければなりません。これも道路交通法という行政法規に定められた規制です。自動車を買うときに、車両価格のほかに「諸経費」がかかります。その中には自動車取得税が含まれます。それを定めている地方税法も行政法の一部です。２年に一度、車検をとることは道路運送車両法で規制されています。

ここにでてきた都市計画法、大気汚染防止法、騒音防止法、それから道路交通法、地方税法、道路運送車両法はすべて行政法に分類されます。

このように、行政法は、市民生活の隅々まで及んでいる身近なものなのです。私的な日常生活に関わる法が民法だとすれば、行政法は日常生活の公的な面に関わり、それを学べば民法と同じくらい生活に役立ちます。行政とのトラブル、たとえば、身に覚えがないのにスピード違反で罰金を請求されたり、免許を取り消されたりしたときにどうすればいいかは、行政法を勉強しているとわかるようになります。

Ⅱ　「行政法」という法律はない

この本を読まれている多くの方は、憲法や民法などで一度は法律を学習された方が多いのではないでしょうか。では、他の法律科目と比べたときに、行政法にはどういう特徴があるでしょうか。

法律を勉強するときに、もっとも重要なのは、条文です。法学の中心は法解釈学、つまり条文の意味をはっきりさせることにありますから、その中心になるのは、条文の意味の理解です。そして、条文の意味がはっきりしないときに、最高裁判所の過去の裁判例、つまり判例がどう言っているかを学んだはずです。条文→判例というのが、法律を勉強するポイントでした。

では、行政法も、これまでの法学と同じように、条文→判例という流れに注意して読み進めればよいのでしょうか。

日常生活に関わる行政法は、先にみたような道路交通法とか地方税法とかいろいろな法律があるのですが、実は、これから学ぶ行政法は、そのような個別の行政法規の内容を理解して覚える科目ではありません。公安委員会が運転免許を与える要件は何か、などという行政法規の内容は、もちろん覚えているにこしたことはありませんが、それで行政法がわかったことにはならないのです。そもそも行政法には、「行政法」という名前の法律はないのです。法典、つまりそういう名前の法律がないのならば、行政法ではいったい何を学ぶのかといえば、それは行政法理論を学ぶものなのです。最高裁判事を務められた藤田宙靖先生はこの「理論」を次のように例えておられます。夜空に瞬く無数の星はバラバラに動いているように見えるけれども、実は、万有引力の法則とか相対性原理のような一定の法則に従って動いている。同じように、関連せずバラバラに見える個々の行政法規の背後には、「行政法理論」という一定の法則がある、と（『行政法入門（第６版）』・有斐閣）。都市計画法や医師法のような、無数に存在する個々の行政法規には、「免許」、「許可」、や「勧告」のようないろいろな制度が使われているのだけれど、それをバラバラに見ないで、ひとつの理論で統一的に捉えていく。その理論が行政法なのです。

たとえば、道路交通法でいう「免許」や風俗営業法の「許可」は、条文上は違う言葉だけれど、行政法上は、「行政行為」という同じ性質をもつ行為です。同じ性質の行為ならば、行政が免許や許可に条件を付けることができるか、その行為に不満があるときにどうすれば救済してもらえるか、誰が裁判を起こせるかというような法律上の扱いを同じにすべきです。そのほうが、行政側からすれば行政活動を統一的に行うことができますし、国民からすれば公平だからです。そのような、すべての行政活動に共通する行政上の取扱いを不文のルールに体系化した理論が行政法なのです。

ですから、初学者が行政法の勉強をするときには、今までと同じように「条文→判例」という筋で勉強しようとすると、かなり勝手が違い、学びにくさを感じるはずです。行政法では、「行政法」という法典がなく、メインは個々の行政法規を統一的に理解するツールとなる行政法理論だからです。

もちろん、条文の解釈がまったくでてこないわけではありません。行政法の勉強を進めていくうちに、行政代執行法、行政手続法、情報公開法、行政不服審査法、行政事件訴訟法、国家賠償法等の法律がでてきます。そこでは、憲法や民法の学習と同じように、条文と判例を中心に勉強することになります。これらの法律は、どのような行政活動にも適用される行政法規なので、通則的な法律といわれます。行政法は、これらの通則的な法律を取り込みながら、法典が定められていない部分を理論で補った、条文と理論の統合体といえます。

Ⅲ　勉強方法と行政法を学ぶ意味

行政法が個々の行政法規の背後にある理論を体系化したものだとすると、行政法を勉強するときには、行政法規の条文をすぐに引けるようにして進めるべきです。行政法の教科書に「道路交通法○条参照」とか「風俗営業

行政法理論と通則的法律

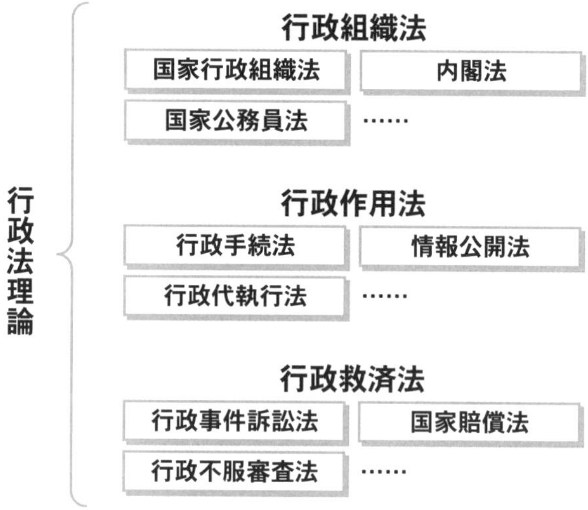

法○条参照」のように参照条文が出てきたら、それを引いて読んでみてください。そこに出ている行政法規は、行政法理論のいわば、具体例、適用例ともいうべきものです。普通の法律の勉強では条文の意味を理解するのに具体例が役立ちます。行政法では、理論を理解する具体例に相当するのが個々の行政法規です。私たちが行政法を学んだころには、個々の行政法規を引くのは大六法くらいしかありませんでしたが、最近ではインターネットで個々の行政法規を簡単に引けるようになっています（たとえば“houko.com”など）。インターネット環境のある場所で学習するとよいでしょう。

また、世の中の仕組みを学ぶことができるのも、行政法を勉強するメリットです。行政法は日常生活に関わりの深いものもありますが、個々の行政法規で定めている内容は、たとえば喫茶店を始めるには食品衛生法の許可が必要だとか、その許可は誰が与えるのか等々、初めて知ることも少なくありません。それだけに、世の中の仕組みを知るという点では、得るところが大きいと言えます。

さらに、憲法の統治の分野が得意になる、少なくとも好きになるというのも行政法を勉強するメリットです。行政法では、行政裁量とか行政手続、法律上の争訟、訴えの利益など、憲法を理解する上で重要だけれども憲法ではあまり深く勉強しないことを勉強します。行政法を勉強して初めて、それに関わる憲法の知識が「スッキリ」するということも多いでしょう。

戦前の美濃部博士らによって築かれ、戦後の田中二郎博士によって完成されたといわれる古典的な行政法理論は、今日では強い批判にさらされ、崩壊しかかっている状況にあります。かといって、それに代わる確固とした行政法理論が構築されているわけでもありません。そういう流動的な状況にあることが、行政法を学びにくく感じさせる面もあるかもしれません。

ただ、「学ぶ」ということは、機械的に何かを覚えることではなく、知的創造の作業です。行政法理論が流動化している今こそ、現実の行政活動に則して、問題意識をもって勉強を進めることができるのです。そういう点では他の科目以上に、「血湧き、肉躍る」ような面白味があるのも行政法の特徴と言えます。

第2章 行政法と六法

I　行政法は「六法」ではない

「六法」という言葉があります。条文集をさして使われることもありますが、代表的な6つの法典をさして使うときには、憲法、民法、刑法、商法、民事訴訟法、刑事訴訟法を意味します。行政法は「六法」には含まれません。法律の代表格から落ちてしまった行政法は、あまり重要な法ではないかのような誤解を生んでいます。事実、この「伊藤真の入門シリーズ」でも『行政法入門』は後回しの8番目になっています。「6」という数字にはそういう魔力があります。そのことを、高木光先生は「東京六大学」を例にとって説明されています（『プレップ行政法』・弘文堂）。東京六大学野球連盟に所属する大学という意味を超えて、いつの間にか、東京にあるメジャーな大学がこの6つであるかのように受けとられているのです。東京にはほかにたくさんのよい大学があるのに、「六大学」という言葉が、図らずも大学の人気にすら影響しているのです。「六法」という言葉にも同じことがあてはまります。たとえば、旧司法試験では「六法」は必修科目、訴訟法も選択必修科目でしたが、行政法は選択科目の扱いでした。旧司法試験の終わり頃には試験科目から姿すら消してしまいました。公務員試験でさえ、行政法を勉強しなくても合格できる仕組みに変えるような動きもあると聞きます。

しかし、現代国家のもとでは、行政が日常生活の隅々に及んで活動しており、市民生活も行政に依存せざるをえない状況にあります。そのような依存度が増えれば増えるほど、行政活動が市民の権利利益と関わる機会が増え、それに従って行政とのトラブルが起こる機会も増えています。そのような行政活動を規律する行政法は、法のなかでもますます重要な役割を担うようになってきているのです。私たちの日常生活にとって身近で重要なものであることは先に見たとおりです。

しかも、行政法は憲法を具体化する法としての役割もあります。憲法は、人権保障を確保するという至高の価値を掲げた最高法規ですから、それを具体化する行政法は、数ある法分野のなかでも特に重視されてしかるべきです。その意味で、実質的には「六法」に勝るとも劣らないほど行政法は重要なのです。

ではなぜ、行政法は六法にいれてもらえなかったのでしょうか。これは行政法という科目の特質を知る上で大事な話なので、少し詳しく見てみましょう。

II　六法にいれてもらえなかった行政法

ヨーロッパ諸国では、資本主義の発展に沿って、国家的な法制度が作られていきましたが、外国と接触する機会が少なかった開国時の日本は、そのようなものをもちませんでした。開国後、日本は、幕末に結んでしまった不平等条約を改正するための交渉を列強各国と始めます。ところが、彼らは日本を一人前の国と認めてくれません。近代的な法制度が整備されていない国に、関税自主権や領事裁判権のような、欧米人の人権に関わるような権限を認めるわけにはいかないというのが列強の言い分です。そこで明治政府は、先進ヨーロッパ諸国の法制度を模範にし、それを日本に導入することにします。

日本が最初に模範にしたのはフランスの法制度でした。フランスではナポレオンの指令を受けて、1804年の民法典をはじめ、商法、刑法、民事訴訟法、刑事訴訟法の５法典が整備されていました（ナポレオン法典）。「法典」というのは、条文の形で存在する法のことです。イギリスも法制度はそれなりに整備されていましたが、判例法主義の国ですから、過去の裁判例のような不文法が中心です。不平等条約改正の交渉をするためには、法制度が整備されていることが、列強の目から見て外見上わかる必要がありました。不文の制度は見せようがありませんから、成文法国のフランスが模範とされたのです。国の形を決めるはずの一国の法制度の作られ方にしては、現実的とも、いい加減とも言えるやり方でした。

日本がフランスの法典を真似るために翻訳作業をしたのは1870年ごろですが、その当時のフランスでは、ナポレオン法典が整備されていたものの、行政法はまだ生成途上にありました。なぜ、行政法の母国であるフランスですら、いまだに生成途上にすぎなかったのでしょうか。それは、行政法が憲法的なものの考え方を前提にしているからです。行政法は、行政活動を法律に従ってコントロールするための法です。権力が濫用されて国民の権利自由を侵害しないように法で統制する、という行政法の発想は、国家権力を憲法で規律する、という近代立憲主義と同じ発想です。フランスで近代立憲主義憲法が制定されたのは、フランス人権宣言（1789年）を受けた1791年です。この少し後から、行政法は判例法として、ようやく生成し始めることになります。日本が翻訳作業をした1870年頃は、まだ、フランスでも成文法として法典の形をとるにはいたっていませんでした。形のない法制度は、当時の明治政府の眼中にはありませんでしたから、この時点で行政法は、法律の代表格という意味での「六法」から脱落することになります。

その後、1889年にプロシアを模範にして大日本帝国憲法（明治憲法）が作られました。そして、これと５つのナポレオン法典とあわせて、「六法」とよぶようになったのです。「六法」に入るかどうかは、列強の目に見え

六法にいれてもらえなかった行政法

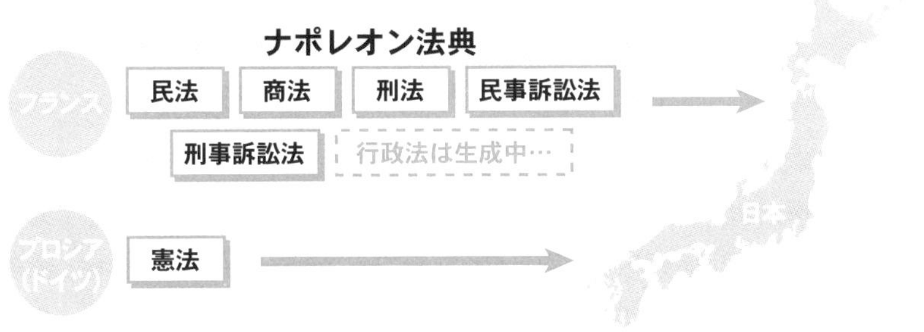

ることを重視して法典にこだわった明治政府の意向と、母国であるフランスで行政法が生成中であったために輸入されなかった、という歴史の偶然によるものであり、法の重要性とは無関係なのです。

Ⅲ　日本行政法の起源

もうひとつ、行政法が、法典がない「理論」だということも、この経緯に由来します。

1889年の明治憲法はプロシアに倣って作られました。憲法は国の基本となる法ですから、それ以外の法律も、基本となる憲法のトーンに合わせていかなければなりません。そこで、明治憲法制定以降の日本では、憲法以外の法分野でも、フランスではなくドイツ流の法制度や法理論に倣うことになります。日本の行政法を最初に形づくったのは美濃部達吉博士でした。その美濃部博士が手本にしたのは、ドイツ行政法の父と称されたオットー・マイヤー博士でした。オットー・マイヤーが1895年に出した行政法の教科書を、美濃部博士が翻訳したのが1903年のことです。

ただ、オットー・マイヤー博士が手本にしたのは、フランス行政法でした。ドイツはフランスよりも近代化が遅かった国ですから、行政法の生成もフランスより遅れていたのです。その当時（1890年ごろ）のフランスでは、コンセイユ・デタという行政事件を扱う裁判所で行われた裁判が積み重ねられていました。まだ、判例をベースにした不文の理論が少しずつ生成されつつある時代でした。オットー・マイヤー博士はこれをもとにしてドイツ行政法を組み立てることにしたのです。結局、日本行政法の父である美濃部博士も、当然、当時のフランス流の行政法「理論」を中心におかざるをえなくなり、それが、今日私たちが学ぶ行政法の骨格をなしているというわけです。

第3章 憲法と行政法

I　憲法と行政法の異同

❶法の価値基準

行政法は、どういう価値を実現するための法でしょうか。「価値」とは、法が実現しようとする最終目標です。たとえば憲法では「個人の尊重」が究極の価値です。憲法は個人の尊重を実現するために、個々の人権保障条項を定め、人権保障を実現する手段として統治の機構を定め、そこに最高法規という特質を与えて国家権力にこれを守らせ、個人の尊重を実現しようとしています。これが立憲主義という考え方でした。

これに即して言えば、行政法の究極の価値は、国民の権利利益の保護です。行政活動の典型例として従来から想定されてきたのは、権力的活動でした。治安を守るために警察が取り締まりを行ったり、行政活動にかかる費用をまかなうために税務署が税金を強制的に集めるなどの行政活動です。「権力的」というのは、「有無を言わせないで」、「いやだと言わせずに」というくらいの意味です（高木光先生の言換え）。行政法を理解する上で重要なキーワードですので、しっかりイメージしておいてください。治安の維持や税金の徴収は、国を運営していく上で必要なことですが、もし誤った人に、誤ったやり方で行われれば国民の権利利益が侵害されます。そこで、そのような権力の濫用が起きないように、議会が法律を作って行政活動をコントロールし、もし法律に違反した行政活動によって権利利益が侵害されれば、裁判所が救済に乗り出して違法行政を正す、という仕組みが行政法の骨格です。ですから、行政法の究極にあるのは、国民の権利利益を保護するという価値なのです。

法で権力をコントロールし、違反すれば裁判所が正す、という行政法の骨格は、憲法の立憲主義の考え方と同じ発想によるものです。立憲主義とは、人権保障条項を定めた憲法に、最高法規という特質を与えて国家権力にこれを守らせ、それに違反すれば裁判所が違憲審査権を発動して違憲状態を正す、という法思想です。両者は、法と裁判の力によって権力をコントロールし、人権や国民の権利利益を守るための法である点では同じなのです。

❷大陸法と英米法

こうしてみてくると、行政法は、憲法とほとんど変わりがないと思われるかもしれません。しかし、実際に勉強を始めると、憲法とは勝手が違うと感じると思います。それは、憲法には条文があるが行政法にはない、ということ以外に、法系の違いも原因のひとつです。戦後の憲法がアメリカ憲法に倣って発展してきたのに対して、行政法は明治以来、ドイツ行政法に倣って理論化されてきました。たとえば、憲法は、基本的人権の尊重や国民主権のような価値そのものを基本原理にしています。これはアメリカ法の影響です。これに対して行政法では「国民の権利利益の保護」が基本原理だ、などとは言いません。実質的にはそれが重要な価値なのですが、大陸法では価値そのものを基本原理にしない傾向にあります。そのかわり、「法律による行政の原理」のような客観原則が基本原理として重視されるのです。このような違いは論理的に説明できることではありません。アメリカとヨーロッパの歴史の違いから生まれた違いと言っていいでしょう。憲法と行政法との関連づけがなかなか進まないのは、両者が違う法系を継受して発展してきたことに原因があると言えるかもしれません。

Ⅱ　両者の関係

憲法も行政法も「公法」に属します。公法は、形式的に言えば国家と国民の間の法ですが、実質的には国家が公共性を実現する活動に関わる法と言えます。では、公法の二本柱とも言えるこの両者は、どういう関係にあるでしょうか。

❶憲法は変わるが行政法は存続する？

先に登場したオットー・マイヤー博士は、『ドイツ行政法　第３版』(1924年) で、「憲法は変わるが行政法は存続する」と言っています。

憲法は国の最高法規ですから、それが変われば当然、行政法規も変わっていきます。ですから、ここで「変わる」というのは、個々の行政法規ではなく、行政法理論です。行政法理論は、たとえば、許可処分や免許制、命令、強制執行などのように、社会を管理するために個々の行政法規に定められた仕組みを理論化したものであり、一言で言えば社会管理のための道具です。価値中立的な道具ですから、絶対権力をもった暴君が使えば不幸を招き、民主的な政府が使えば幸せを招くとも言えます。つまり、憲法が変わり、政治の価値が、たとえば立憲君主制から立憲民主制に変わっても、道具自体は使いようだから、道具としての行政法は変わらない。それが、オットー・マイヤーの言わんとするところです。

しかし、個々の行政活動も憲法の根拠があって初めて正当化され、国民が納得できるものになります。たとえば、税金を集める行政活動について言えば、私たちがいやでも税金を払わなければならないのは、私たちが選んだ国会議員の議決を経ているからです（租税法律主義。憲法84条)。租税を強制的に徴収する行政活動も、憲法と一体となって初めて、正当性を十分に説明することができるようになるのです。逆に、行政法が道具でしかない、ということをあまりに強調していくと、行政法は、単に個々の行政法規を解釈するだけのものにとどまり、「行政法」という枠組みは必要がなくなっていくでしょう。そうなると、公法という観点から憲法と行政法とを関連づけることもできなくなります。

その意味で、行政法は、憲法と一体として理解される必要があり、単なる道具ではなく具体化された憲法としての側面があるのです。

▶▶▶日本国憲法第84条
あらたに租税を課し、又は現行の租税を変更するには、法律又は法律の定める条件によることを必要とする。

❷憲法の最高法規性と法の段階的構造

憲法は国の最高法規として国の法体系の中で頂点に位置しており、一番強い効力があります。具体的には、憲法以外の法は、その内容が憲法と矛盾してはならないことはもちろん、憲法以下の法規範は、憲法の内容を具体的に実現するものとして定められなければなりません（法の段階的構造）。行政法も憲法の下位にある法ですから、憲法に従い、その内容を実現するものとして作られ、また解釈されなければならないということになります。

ただ、だからといって、行政法の役割が憲法価値を実現することに尽きるとか、憲法価値を実現できない行政法はダメだということにはならないことに注意してください。行政法が憲法を具体化する関係にあるということは、両者の関係のひとつにすぎず、それに尽きるものではないのです。

憲法は、理想を掲げ、現実をひっぱる役割を負っています。ですから、ときに現実から離れた主張をすることも多々あります。

たとえば、憲法学者の間では自衛隊が憲法９条に違反するとする立場が通説です。しかし、自衛隊は現に存在しますし、設置されてから何十年も経ち、それが日本の安全保障にある種の実効性をもち、大半の国民も自衛隊は必要だと思っているのが現実です。自衛隊は憲法違反であると私は考えていますが、このような現実の秩序はそれとして尊重しなければなりません。そこで自衛隊法は、たとえば自衛隊が緊急に治安出動したら国会の事後承認を求めます（自衛隊法78条２項）。それは、民主主義という憲法の精神に則して、現実的な次善措置をとる趣旨といえます。

また、憲法は立法権が国会にあるとしていますが（憲法41条）、現実には内閣提出法案が圧倒的に多く、そのほとんどは官僚が作っています。国会議員の中には、どういう法案かよくわからないけど党の方針どおりに賛否を表明するだけの人もいるようです。担当大臣すら所管事項に素人であることを自慢げに公言する人もいるくらいです。国の基本的な意思決定を国会で行う、というのは憲法的理想です。しかし、国民が期待する現実の行政需要に応えることも必要です。福祉主義の充実のためにさまざまな政策を実現することが行政に求められている以上、担当する行政の各部署が責任を担わざるをえないという現実もあるのです。だからこそ内閣法は、立法権の一部ともいえる法案提出権を内閣にも認めているのです（内閣法５条）。そういう意味では、「官僚を使いこなす」政治力こそ、現代国家で求められる国会議員の資質と言えます。

法の段階的構造から、憲法と行政法とを上位法と下位法とに位置づけることは、たしかにひとつの見方ですが、それで両者の関係がすべて言い尽くされるわけではないことに注意する必要があります。

❸理念的重要性と日常的重要性

「営業の自由を保障する」とか「外国人にも性質上可能な人権は保障されている」というのは、憲法論としてはそのとおりです。ただ、それを具体化する仕組みがなければ、自営業者や外国人の日々の生活には役立ちません。営業の自由や外国人の人権を現実に保障していくために、個々の行政法規が定められ、それを統一的に捉えるために行政法があるのです。

憲法には、「現実をひっぱる」という理想としての役割があり、他方で、行政法にも、社会を管理しながら現実を動かしていくという役割があり、相互に影響し合いながら、それぞれが役割を果たすことが重要なのです。２つの法分野の重要性は、櫻井敬子先生の表現をお借りして、「憲法の理念的重要性」と「行政法の日常的重要性」ということができます（『行政法のエッセンス』・学陽書房）。

憲法と行政法は家庭内別居？

戦前の日本では、憲法と行政法の両分野を研究対象にする学者が少なくありませんでした。美濃部達吉博士や佐佐木惣一博士という東西の公法学の第一人者がその例です。ところが、戦後の公法学では、両分野について学者がすみ分けをして、独自に研究を行うようになっていきました。学界には「日本公法学会」という組織があるのですが、そこでもお互い積極的に交流するというよりは、敬遠して遠ざけ、「家庭内別居」のような関係とも指摘されています。

たしかに、どの学問分野でも、専門化が進めば、研究作業は細分化していきます。研究者が、自分の関心をもつ分野を突き詰めるようになっていくことは、学問が発展する上で宿命とも言えます。

ただ、それが進むと知の全体像が見えなくなりかねません。専門化するあまり自分の専門分野しか見えなくなってしまうことを「たこつぼ化」といいますが、それでは学問の究極の目的である「真理」から遠のいてしまうおそれもあります。もし「公法」の中でそういう現象が起きているとすると、細かい議論から一歩退いて、公法全体を俯瞰《ふかん》してみることも重要です。全体を俯瞰するひとつの方法として、今日の行政法では、憲法との関係がますますクローズアップされているのです。

第4章 憲法の人権保障と行政法

憲法と行政法とは各々、理想面と現実面とでルールを分担し合う関係にあるのですから、両者は双方向的に影響し、連続し合う関係にあります。憲法の理想がどこまで現実化されているかを知るには行政法を学ぶ必要があります。また、現実が理想と違っているときには、一歩でも理想に近づける工夫をすべきですから、行政法の解釈や運用、ひいては個々の行政法規の立法作業には憲法の理解が不可欠なのは言うまでもありません。行政法を知らない憲法は現実離れした観念論になるおそれがあるし、憲法を知らない行政法は人権の理想から離れた行政運用を招くおそれがあるのです。

少し具体的に見てみましょう。

I　人権と行政の裁量

❶マクリーン事件

憲法の人権論の最初のほうに登場する判例としてマクリーン事件があります。

在留期間１年として日本に入国したアメリカ人のマクリーンさんが、法務大臣に在留期間更新を求めたところ、在留中にベトナム反戦デモなどに参加したことを理由に、更新を拒否された事件です。マクリーンさんは、法務大臣の拒否処分の取消しを求めて裁判を起こしました。

この裁判で最高裁判所は、外国人の人権が、権利の性質上日本国民のみ

マクリーン事件

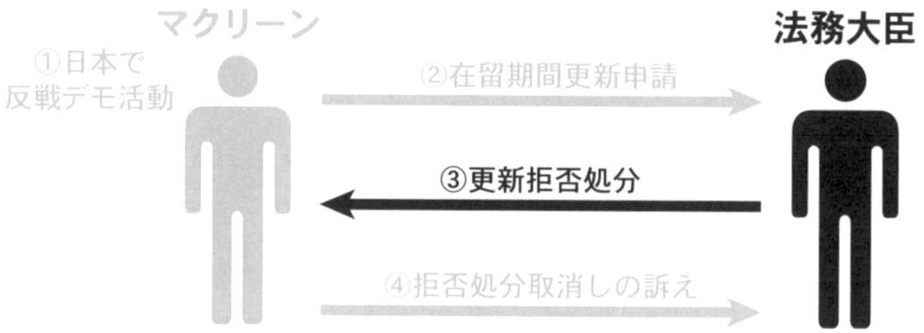

を対象としているものを除き保障が及ぶとした上で、政治活動の自由についても、わが国の政治的意思決定またはその実施に影響を及ぼす活動など外国人の地位にかんがみこれを認めることが相当でないものを除き、その保障が及ぶとしました。その上で、外国人の人権は外国人在留制度の枠内で与えられるものにすぎないことなどを理由に、更新拒否を適法と判断しました（最判昭和53年10月４日）。

外国人も人間です。人間である以上、当然に人権をもつという天賦人権思想の理想からすれば、外国人にも人権が保障されるべきなのはもちろんです。

でも、「性質上日本国民のみを対象としているもの」とか、「外国人の地位に鑑み相当でない」とか言われても、現実に更新期限が迫ってきた在留外国人の人にとってはピンと来ません。現実に知りたいのは、何をどうすれば「自分は更新してもらえそうか」、「どういうことをしたら退去させられるのか」ということです。それを知るには、個々の行政法規やその解釈を知る必要があります。そしてそれを読み解くには行政法理論の理解が必要になります。

❷入管法21条

外国人の在留期間更新について定めている行政法規は出入国管理及び難民認定法（以下、入管法）です。入管法21条は在留期間の更新について、法務大臣の許可が必要であること、更新許可は法務大臣が「更新を適当と認めるに足りる相当の理由がある」と判断したときになされる、と定めています。

▶▶▶入管法（出入国管理及び難民認定法）第21条
本邦に在留する外国人は、現に有する在留資格を変更することなく、在留期間の更新を受けることができる。
2　前項の規定により在留期間の更新を受けようとする外国人は、法務省令で定める手続により、法務大臣に対し在留期間の更新を申請しなければならない。
3　前項の規定による申請があった場合には、法務大臣は、当該外国人が提出した文書により在留期間の更新を適当と認めるに足りる相当の理由があるときに限り、これを許可することができる。
4　（略）

この法律を読んだだけでは、どうしたら在留期間を更新してもらえるのか、よくわかりません。要は「相当の理由」があれば大丈夫なのですが、それはどういう意味なのでしょうか。「相当の理由」などという言葉ではなく、更新拒否される例として具体的に何があるかを書いてあれば読んだだけでわかるのに、なぜ「相当の理由」という不確定な言い回しをしているのでしょうか。

それは、在留させてよいかどうかが、その時々の政治情勢等によって、日々刻々と変わってくるものだからです。カチッと固めて条文にしてしまうと、そういう事情を考慮できなくなるおそれがあります。入管法が、

「相当の理由」があれば許可できると定めた本音は、「状況をよくみてうまく判断してくれよ」と法務大臣を信じて任せているのです。行政の判断に任せることを行政法では「裁量行為」とよんでいます。裁量行為は、行政の専門技術的な判断が求められるような場面や、時々の情勢に即して判断したほうが公共性や公益を実現できる場面で認められています。

もっとも、更新できるかどうかについて、法務大臣を信じて任せっぱなしにするだけでは、恣意、つまり気まぐれで更新が拒否されるおそれもあります。行政活動が気まぐれで行われないように、法律によってコントロールするのが行政法の役割のはずです。

とはいえ、裁量行為のように、行政を信じて任せるほかないような行政活動を、そうそうがんじがらめに縛るわけにはいきません。現に、裁量行為が違法と扱われるのは、「裁量権の踰越・濫用」の場合、イメージ的に言えば「あまりにひどい裁量判断」の場合にかぎられています（行政事件訴訟法30条）。

では、公益を実現しながら、行政裁量をコントロールするにはどうすればよいでしょうか。そこで考えだされたのが手続的規制という仕組みです。自由裁量そのものを法律でコントロールするのではなく、裁量判断にいたるまでの事前手続をコントロールすることを通じて、恣意的行政権行使を防止しようという仕組みです。

たとえば、行政手続法は、申請に基づく処分を行うには、あらかじめ審査基準を定めること（行政手続法５条１項）、その基準はできるかぎり具体的なものとすること（同２項）、それを公にしておくこと（同３項）を求めています。

▶▶▶行政手続法第5条（審査基準）

1　行政庁は、審査基準を定めるものとする。

2　行政庁は、審査基準を定めるに当たっては、許認可等の性質に照らしてできる限り具体的なものとしなければならない。

3　行政庁は、行政上特別の支障があるときを除き、法令により申請の提出先とされている機関の事務所における備付けその他の適当な方法により審査基準を公にしておかなければならない。

判断を行うまでの手続をこのように定めておけば、恣意的な裁量行使はかなり防ぐことができます。裁量判断をする際に、考慮すべきポイントを審査基準としてあらかじめ決めておけば、気分次第で裁量判断が行われることは防げます。また、その基準が公開されていれば、申請をする人が目安がわかって申請しやすくなるだけでなく、裁量判断が衆人環視のもとにおかれる点で後ろ髪を引かれるような行政判断もできなくなります。

❸出入国管理庁ガイドライン

入管法21条３項が定める「相当の理由」が認められるかどうかについて出入国管理庁が定めた審査基準があります。「在留資格の変更、在留期間の更新許可のガイドライン」です（2020〔令和２〕年２月改正）。

それによると、「相当の理由」を判断する代表例として、素行が不良でないこと（ガイドライン 4)、独立の生計を営むに足りる資産又は技能を有すること（同 5)、就労している場合には雇用・労働条件が適正であること（同 6)、納税義務や入管法上の義務を履行していること（同 6、7）などがあげられています。そして４については、素行不良の例として、退去強制事由に準ずるような刑事処分を受けたことや、不法就労のあっせんをしたことなどがあげられています。

▶▶▶在留資格の変更、在留期間の更新許可のガイドライン

（法務省入国管理局　令和2年2月改正）………

４　素行が不良でないこと

素行については、善良であることが前提となり、良好でない場合には消極的な要素として評価され、具体的には、退去強制事由に準ずるような刑事処分を受けた行為、不法就労をあっせんするなど出入国管理行政上看過することのできない行為を行った場合は、素行が不良であると判断されることとなります。

５　独立の生計を営むに足りる資産又は技能を有すること

申請人の生活状況として、日常生活において公共の負担となっておらず、かつ、その有する資産又は技能等から見て将来において安定した生活が見込まれること（世帯単位で認められれば足ります。）が求められますが、仮に公共の負担となっている場合であっても、在留を認めるべき人道上の理由が認められる場合には、その理由を十分勘案して判断することとなります。

６　雇用・労働条件が適正であること

我が国で就労している（しようとする）場合には、アルバイトを含めその雇用・労働条件が、労働関係法規に適合していることが必要です。なお、労働関係法規違反により勧告等が行われたことが判明した場合は、通常、申請人である外国人に責はないため、この点を十分に勘案して判断することとなります。

７　納税義務を履行していること

納税の義務がある場合には、当該納税義務を履行していることが求められ、納税義務を履行していない場合には消極的な要素として評価されます。例えば、納税義務の不履行により刑を受けている場合は、納税義務を履行していないと判断されます。なお、刑を受けていなくても、高額の未納や長期間の未納などが判明した場合も、悪質なものについては同様に取り扱います。

８　入管法に定める届出等の義務を履行していること

入管法上の在留資格をもって我が国に中長期間在留する外国人の方は、入管法第19条の7から第19条の13まで、第19条の15及び第19条の16に規定する在留カードの記載事項に係る届出、在留カードの有効期間更新申請、紛失等による在留カードの再交付申請、在留カードの返納、所属機関等に関する届出などの義務を履行していることが必要です。

＜中長期在留者の範囲＞

入管法上の在留資格をもって我が国に中長期間在留する外国人で、次の①～⑤のいずれにも該当しない人

①「3月」以下の在留期間が決定された人

②「短期滞在」の在留資格が決定された人

③「外交」又は「公用」の在留資格が決定された人

④①～③の外国人に準じるものとして法務省令で定める人

⑤特別永住者

ここまで見てくると、何をすれば更新されなくなるか、日常的な素人レベルでも見えてくるのではないでしょうか。

もちろん、外国人の在留の自由や政治活動の自由が、法務省の示すガイドラインの内容で言い尽くされているというわけではありません。個々の行政法規は憲法を具体化したものと一応は言えますが、憲法と行政法とは双方向的に影響し合う関係にあるのですから、そういうガイドラインやそれに則して行われた法務大臣の判断の適否について、憲法の理想に適しているかどうかが不断にチェックされなければならないのです。

II　適正手続

行政手続という言葉が出てきたので、それに関連する憲法の人権として、適正手続保障について触れておきます。

適正手続保障は憲法31条が定める人権です。

▶▶▶日本国憲法第31条

何人も、法律の定める手続によらなければ、その生命若しくは自由を奪はれ、又はその他の刑罰を科せられない。

これは、条文の表現だけをみると、刑罰を科する手続が法律で定められるべきことを求めた規定です。しかしこの規定は、アメリカ合衆国憲法のデュー・プロセス・オブ・ローの影響を受けて憲法に定められたものです。この沿革にかんがみて、現在では、刑事手続が形式的に法律で定められるだけではなく、その内容が適正なものでなければならない趣旨と考えられています。有罪になった人が本当の犯人だったとしても、公正でない手続で裁かれたならば刑罰を受けることはありません。いくら真犯人であることが間違いないとしても、手続がダメなら不利益に扱わないという発想です。

また、この条文は、「刑罰を科せられない」と書いてある点で刑事手続に適用されることはたしかですが、今日では、それにとどまらず行政手続にも及ぶと考えられています。判例も、成田新法事件（最大判平成４年７月１日）で、適正手続条項が行政手続にも及ぼされる可能性があることを一般論として認めています。

もちろん、行政が国民に課す不利益には、刑事罰のように重いものもあれば、ごく軽いものもあります。ごく軽いものにまで刑事手続並みの厳格さを求めると、かえって行政の円滑さを害するでしょう。権利保護と公益実現の双方のバランスをとることが必要なのです。成田新法事件判決が、「行政処分の相手方に事前の告知、弁解、防御の機会を与えるかどうかは、行政処分により制限を受ける権利利益の内容、性質、制限の程度、行政処分により達成しようとする公益の内容、程度、緊急性等を総合較量して決定されるべきもの」としているのはそういう趣旨です。

行政手続という仕組みが、裁量行為をコントロールするのに有効なのは先に見たとおりですが、他にも利点があります。従来の行政法では、私人の権利利益保護の中心を担ったのは事後救済システムでした。違法行政によって私人の権利利益が侵害された後で、裁判所がその救済に乗り出すという仕組みです。しかし、国民の権利利益を本気で大事なものと考えるのならば、そもそもそれが侵害されないように予防したほうが合理的です。行政手続という発想は、行政活動を事前手続によって規制して、権利侵害を予防するという利点もあるのです。

行政に対する手続的規制は、憲法31条の適正手続保障を根拠にするものといえます。

Ⅲ 裁判を受ける権利と民事訴訟・行政訴訟

憲法32条は裁判を受ける権利を保障しています。この権利は、人権が侵害されたときに、最終的には裁判というサービスを利用して救済を求める地位を保障する人権です。これによって、人権保障を確実にする趣旨です。

▶▶▶日本国憲法第32条
何人も、裁判所において裁判を受ける権利を奪はれない。

裁判を受ける権利を「奪われない」というのは、刑事事件ならば、裁判所の裁判によらなければ刑罰を科されることがないということを意味します（自由権の一種）。また民事・行政事件ならば、裁判所に救済を求めることができること、つまり「裁判の拒絶」が許されないことを意味し、この点で受益権としての性格をもちます。

ところが、現実の行政裁判では、裁判所が事件を度々門前払いしてきま

大阪空港訴訟

した。裁判を受ける権利の保障がもっとも手薄だったのは行政事件の分野だといっても過言ではありません。

たとえば、大阪空港訴訟（最大判昭和56年12月16日）では、原告が裁判所に助けを求めているのに、行政訴訟と民事訴訟との間で原告をキャッチボールするような「裁判の拒絶」が行われてきました。

この訴訟は、飛行機の離発着音がうるさくて夜も眠れないとして、大阪空港（伊丹空港）周辺住民が、国に対して、夜９時から翌朝７時まで空港を使わないこと（使用差止め請求といいます）、騒音によって被った損害賠償を求めたものです。

行政活動には、建物を壊せ、とか、税金を10万円払え、というように、有無を言わさずに一方的に行う権力的活動と、道路を造るなどの非権力的活動とがあります。ごくおおざっぱに言えば、この区別に応じて、行政に対して起こす裁判の種類も別ルートになり、権力的な行政活動を争うなら行政訴訟、また非権力的な行政活動は民事訴訟となります。

この裁判で原告らは、空港の夜間差止めを民事訴訟として起こしました。

航空機が飛ぶ時間をいつからいつまでにするかは、運輸大臣（当時）が行う「空港管理」の一環だと考えたからです。「管理」というのは、たとえば、滑走路を定期的に見回って異常を点検したり、空港周辺の建築物の高さが一定以下（制限表面）になっているかチェックしたり、また鳥や小動物を追い出したり、雪国の飛行場では除雪したり、空港駐車場を運営することなどですから、空港管理は非権力的行政活動と言えるでしょう。

ところが最高裁判所は、この原告の訴えを門前払い（却下）します。それはこういう理由からです。たしかに、「空港管理」の中心的な業務は日常的なメンテナンス作業です。メンテナンスならばそれは非権力的活動です。しかし、空港の設置や管理を国が行うことにしている趣旨は、単に日常のメンテナンスを国に行わせることにあるのではなく、空港管理と並んで国に航空行政権を行使させることにもある、というのが判決の言い分です。「航空行政権」がどういうものかはよくわかりませんが、判決が言うには「航空行政全般にわたる政策的判断」をする権限だそうです。そして、航空行政権は権力的に行使されるものだから、空港管理は非権力的活動とは言いきれない、だから、民事訴訟では争えない、としました。

「（空港の）その設置、管理のあり方がわが国の政治、外交、経済、文化等と深いかかわりを持ち、国民生活に及ぼす影響も大きく、したがつて、どの地域にどのような規模でこれを設置し、どのように管理するかについては航空行政の全般にわたる政策的判断を不可欠とするからにほかならないものと考えられる。

右にみられるような空港国営化の趣旨、すなわち国営空港の特質を参酌して考えると、本件空港の管理に関する事項のうち、少なくとも航空機の離着陸の規制そのもの等、本件空港の本来の機能の達成実現に直接に関わる事項自体については、空港管理権に基づく管理と航空行政権に基づく規制とが、空港管理権者としての運輸大臣と航空行政権の主管者としての運輸大臣のそれぞれ別個の判断に基づいて分離独立的に行われ、両者の間に矛盾乖離を生じ、本件空港を国営空港とした本旨を没却し又はこれに支障を与える結果を生ずることがないよう、いわば両者が不即不離、不可分一体的に行使実現されているものと右被上告人（原告。——筆者注）らが行政訴訟の方法により何らかの請求をすることができるかどうかはともかくとして、上告人（国。——筆者注）に対し、いわゆる通常の民事上の請求として前記のような私法上の給付請求権を有するとの主張の成立すべきいわれはないというほかはない。」（判決文）

行政訴訟として争えるかどうかはなんとも言えないけれども、民事訴訟では救済できません、という趣旨です。

「行政訴訟で争うことができるから、民事訴訟で争えない」というのであればまだわかります。改めて、行政訴訟を起こせばよいのですから。しかし最高裁が言ったのは、行政訴訟で争えるかどうかは訴えを起こしてみないとわからないけど、ともかく民事訴訟ではダメだということです。

では、行政訴訟で争えるかといえば、当時は行政事件訴訟法が「差止め訴訟」という裁判の種類（訴訟類型といいます）を定めていませんでしたから、結局、事実上は裁判で救済してもらえないというのが、最高裁判所のとった結論ということになります。

民事訴訟で裁判を起こしたら民事訴訟ではダメ、行政訴訟を起こそうとしても、法がそういう裁判を認めていない。このような裁判ルートのキャッチボールを認めてしまっては、「裁判の拒絶」と変わらず、裁判を受ける権利が奪われたも同然です。

Ⅳ　裁判を受ける権利と訴訟要件

❶訴訟要件の壁

裁判を受ける権利がないがしろにされてきた原因は、裁判ルートのキャッチボールだけにあるわけではありません。訴訟要件が厳しく求められてきたこともその原因のひとつです。

行政訴訟を起こすためのルールを定めているのが、行政事件訴訟法です。裁判は、国民から見れば、裁判所に権利利益を救済してもらうためのサービスです。図書館でも公園でもそうですが、公的なサービスを受けるときには、利用の手引きなり、利用規程に従わなければなりません。行政事件について裁判というサービスを受けるための利用規程が行政事件訴訟法です。

ですから行政事件訴訟法の求めに従わないで救済を申し立てても、裁判所に相手にしてもらえず、門前払いを受けます。訴えを適用ならしめる要件を「訴訟要件」、門前払い判決を「却下」といいます。

そして、この訴訟要件は、現実には国民の権利利益の救済の前に、厚い壁となって立ちはだかってきました。本来ならば、裁判所が救済に乗り出さなければならない事件なのに、訴訟要件が利用を制限するフィルターとして機能してきたせいで、行政事件では裁判を受ける権利が十分に保障されてこなかったのです。

❷処分性

取消訴訟は行政訴訟の中心とされてきました。にもかかわらず、取消訴訟に訴えることができるのは、さまざまな行政活動のうち、「行政庁の処分」にかぎられています。ですから、「処分」以外の行政活動を訴えても、訴訟要件が欠けているため、原告の請求は却下されます。

そしてこの「処分」概念が、従来の判例では狭く捉えられてきました。

行政計画を例にとって見てみましょう。

都市計画法に基づいて、ある地域が工業地域に指定されました。ところがAは、その地域で病院を経営していました。工業地域に指定されてしまうと、病院の拡張が困難になるだけでなく、病院としての環境も悪化します。そこでAは、地域指定の決定に対して取消しを求める裁判を起こしました。

最高裁判所は、地域指定のような行政計画について取消訴訟を起こすことはできないと判断しました（最判昭和57年4月22日）。地域指定が、一般的・抽象的な行政活動にすぎず、個別・具体的な「処分」とは言えないからです。もちろん、地域指定が違法であることを争う余地がまったくないわけではありません。もし、病院を拡張しようと考えたAが、拡張工事のために役所に建築確認を求めれば、確認拒否処分がされます。このような個別の処分を待って裁判で争わせれば十分であり、指定を受けただけでは、どういう不利益がAに起きているのかはっきりしていないので、まだ争わせる必要はない、というのが最高裁判所の考えです。このように、事件がまだ裁判で争わせる段階に達していないことを「成熟性がない」と言います。

しかし、裁判を受ける権利を正面に据えて、取消訴訟を違法行政から国民の権利利益を救済する手段として活用すべきだという立場からは、「もっとひどい目にあうまでは助けてやらないよ」というのはあんまりじゃないでしょうか。地域指定によって土地の環境や地価は大きく変化します。これだけでも、今すぐ裁判で争わせるべきではないでしょうか。

❸原告適格

違法な行政活動が行われたときに、誰でも裁判を起こせるというわけではありません。裁判を起こす資格をもつ人はかぎられるのです。これを原告適格といいます。原告適格をもつのは「法律上の利益」をもつ人にかぎります。この「法律上の利益」も厳格に捉えられてきました。

たとえば、パチンコ店を出店するには、公安委員会から許可を得る必要があります。Aさんがパチンコ店を始めようと許可をとったところ、出店予定地の周辺住民は、住環境が悪化すると言い出し、Aさんへの営業許可について取消しを求める裁判を起こしました。最高裁判所は、周辺住民に「法律上の利益」がないと判断して原告適格を認めず、訴えを却下しました（最判平成10年12年17日）。「法律上の利益」も後で詳しく扱いますが、周辺住民のような不特定多数の人がもつ利益は、「公益」であって「法律上の利益」ではないというわけです。

しかし、これは理不尽です。「公益」というのは、漠然とした社会公共の利益ではありません。分解していけば個々人の利益に行き着くものなのです。憲法で勉強したことを思い出してください。人権制約の根拠となる「公共の福祉」を、「社会公共の利益」のように、漠然とした、個々の顔が見えないような曖昧なものと捉えると、不必要な人権制約を認めることになりかねません。「公共の福祉」とは、あくまで、報道の自由に対するプライバシー権のように、一方の人権を認めることで制限されてしまう他方の人権のことです。「公益」という言葉を使うときにも、憲法の「公共の福祉」で勉強したのと同じ発想をしないと、権利利益の保護は不充分になってしまいます。風営法は、風俗環境を維持することを目的とした法律なのですから、周辺住民１人ひとりの住環境も、法律上の利益と考えるべきです。周辺住民を勝たせろといっているのではありません。少なくとも、原告の真摯な主張をちゃんと受けとめないで門前払いするような裁判は、裁判を受ける権利の保障とは程遠いと言いたいのです。

❹2004（平成16）年改正

このように、訴訟要件を厳しく考えて、行政事件について裁判を受ける権利を著しく制限していた従来のやり方を改める行政事件訴訟法の改正が、2004（平成16）年に行われました。そこでは、裁判の入り口で原告の救済をきちんと受けとめて裁判で争わせることがめざされました。

それは一連の司法制度改革と関連しています。

司法制度改革の内容は、2001（平成13）年に司法制度改革審議会がまとめた意見書に示されています。日本が、お上依存の事前規制型社会から脱却し、法的ルールに従って個人が自律的に活動できる社会をめざすべきこと、そうして行動したときに争いが起これば、司法を利用して争いを解決する事後救済型の仕組みを作るべきこと、そのためには、国民が司法を身近に、利用しやすいと感じることができるように、裁判員制度や法テラス、法科大学院制度を導入することが示されました。

このように、個人の自律を目指し、司法による事後救済の仕組みを強化することからすれば、もはや裁判の拒絶が許されるべきではありません。2004（平成16）年の行政事件訴訟法改正は、行政訴訟の間口を広げて、裁判を受ける権利を一歩、充実させるための改正です。

改正法の骨子として、①救済範囲の拡大、②裁判審理の充実・促進、③行政訴訟をより利用しやすく、わかりやすくするための仕組みの導入、④仮の救済制度の整備があげられました。特に重要なのは①です。具体的には、原告適格の有無を慎重に判断すべきこと、差止め訴訟や義務付け訴訟などを明示すること、取消訴訟だけではなく、当事者訴訟を積極的に活用して救済の門戸を広げることなどの改正が行われ、これらが現実の裁判でどう生かされていくのかに注目が集まっています。

第5章 憲法の統治機構と行政法

I　憲法41条と法律による行政の原理

行政活動が法律に従って行われなければならないという法思想が、法律による行政の原理です。「法治主義」も、同じ意味で使われることがありますが、法律にかぎらず法一般に従うことを求める意味で使われることもあり、多義的です。そこで、以後、「法律による行政の原理」という言葉を使います。議会（国会）が作った法である「法律」に行政活動を従わせるところがポイントです。

法律による行政の原理が憲法のどこに根拠をもつかは、いろいろな考え方がありますが、憲法と行政法とを一体としてみる立場からは、憲法41条に求めるべきといえます。これをもう少し詳しく見ていきます。

▶▶▶日本国憲法第41条

国会は、国権の最高機関であつて、国の唯一の立法機関である。

行政が法律に従わなければならないというのは、近代以前はそれほど当然のことではありませんでした。国王が絶対的な権力をもっていた時代では、戦争にかかる費用や、王宮を建設する費用が必要になれば、王の一声で市民は税金を払わせられました。自分の財産が王の意のままに奪われてしまうことに不満を爆発させた市民は、市民革命を経てそのような圧政を変える仕組みを作り出します。税金を取り立てたり、取り立てたお金をどう使うかということに、市民の代表者からなる議会の同意を求める仕組みです。これを議会主義といいます。議会の同意とは、具体的には、税金の取立て方や使い道を、議会が定めた法＝法律によって定めておく、ということです。租税法律主義（憲法84条）の起源はここにあります。

罪刑法定主義も、この文脈から捉えることができます。何が犯罪でどういう刑罰を科することができるかを、権力者が好き勝手に作って処罰することになれば、市民の自由はないがしろになります。そこで、何が犯罪であり、それにどういう刑罰を科することができるかを、議会が定めた法律に明記して議会主義を及ぼし、気まぐれで市民の自由を奪うことができないようにしたのです。これが罪刑法定主義です。刑罰を科して市民の自由を奪うときには、議会の同意が必要だという考え方です。これも、憲法31条の解釈として認められる憲法原理です。

では、課税から財産を守り、刑罰から自由を守ることに議会主義を及ぼせば市民にとって十分かといえばそうではありません。財産や自由以外にも人権はたくさんあるからです。そこで、広く、国民の権利を制限したり、義務を課する際に、国民の代表機関たる議会の同意（法律）が必要だと考えられるようになっていきます。そのルールこそが「国会中心立法の原則」（憲法41条）です。国民の権利・義務に関するルール（「法規」）は、原則として法律（国会が定める法）でしか定めることができないこととして、人権一般を議会主義で守っていこうというわけです。その意味で、租税法律主義や罪刑法定主義は、国会中心立法の原則を具体化したものと言えます。

議会主義を通じてコントロールされるべき国家権力の最たるものは、行政権です。国会中心立法の原則は、国家権力が人権制限をする場面で議会主義を求めるものですが、国家権力の中でもっとも人権を侵害しやすいのが行政権です。そうだとすると、法律による行政の原理は、憲法41条に含

「立法」と「法規」

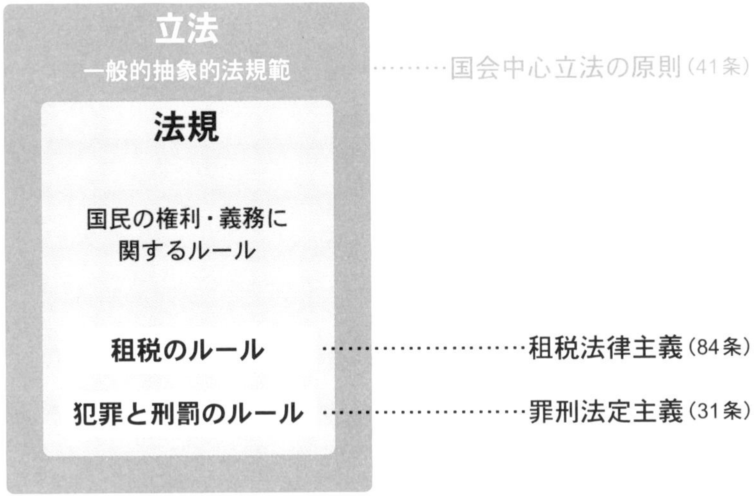

まれている憲法原理と言うべきなのです。

ちなみに、今日では、国会中心立法の原則でいう「立法」の意義を「法規」にかぎると捉える憲法上の立場は少数です。民主主義が深化するに従って、「法規」にかぎらず、行政組織のあり方にも議会のコントロールを及ぼしたほうがいいと考えられるようになったからです。このような視点から、憲法上の通説は「立法」の意義を、一般的・抽象的法規範と捉えています。この立場では、国家行政組織法や内閣法という法律は、憲法41条の要請を受けて定めたものという位置づけになります。

Ⅱ　国民主権（説明責任）

日本国憲法は国民主権原理を採用しています（前文、１条）。国民主権には、国の政治のあり方を最終的に決定する権力を国民自身が行使するという面（権力的契機）と、国家の権力行使を正当づける究極的な権威は国民にあるという面（正当性の契機）があります。いずれの側面も、絶対君主による専制支配に対抗する趣旨であり、「国民こそが政治の主役である」という思想です。

では、現実の政治においても、国民が主役になっているかといえば、そうではありません。現代国家で君主に代わって主役になったのは、国民ではなく行政です。国民が恒常的に行政に依存せざるをえない現実のもとでは、そのような行政国家化を避けることはできません。しかし、国民主権原理に照らせば、国民を主役の座に復権させることも不可欠です。そのためには、政府がどういう動きをしているのかを国民がよく知り、国民がそれをもとにして政府を支持したり、批判する必要があります。政府の現状をタイミングよく国民に知らせることが不可欠なのです。政府に課されるこのような責務を「説明責任」と言います。説明責任は国民主権の原理をサポートするものといえます。

そのようなサポートを制度化する行政上の仕組みとして、第１に行政機関の保有する情報の公開に関する法律（情報公開法）をあげることができます。国民が行政情報を提供させる手続を定めた法です。情報公開法１条では、法の目的が定められています。そこには、政府の情報公開が国民主権の理念にのっとるものであること、行政機関の諸活動に関する情報の提供をもって国民の知る権利を保障するものであること、政府の説明責任が果たされることによって国民の行政の監視、行政への参加ができるようになることが記されています。改正前の情報公開法では「知る権利」という言葉は使われていませんでしたが、改正により「知る権利」が明記されました。

▶▶▶情報公開法第１条（目的）
この法律は、国民主権の理念にのっとり、行政文書の開示を請求する権利及び行政機関の諸活動に関する情報の提供につき定めること等により、行政機関の保有する情報の一層の公開を図り、もって国民の知る権利を保障し、政府の有するその諸活動を国民に説明する責務が全うされるようにするとともに、国民による行政の監視及び国民の行政への参加並びに公正で透明性の高い民主的な行政の推進に資することを目的とする。

第２に、情報公開を背後から支える仕組みとして、個人情報保護法があります。情報公開が必要だからといって、何でもかんでも公開するようでは、個人のプライバシー権が侵害されます。個人情報を守る仕組みを制度としてしっかり定めて初めて、情報公開を円滑に行うことができるのです。

個人情報保護法は、2021（令和３）年の改正により、個人情報保護法、行政機関個人情報保護法、独立行政法人等個人情報保護法の３本の法律を１本の「個人情報の保護に関する法律」（個人情報保護法）に統合するとともに、地方公共団体の個人情報保護制度についても統合後の法律において全国的な共通ルールを規定し、全体の所管が個人情報保護委員会に一元化されました。

▶▶▶個人情報保護法第１条（目的）
この法律は、デジタル社会の進展に伴い個人情報の利用が著しく拡大していることに鑑み、個人情報の適正な取扱いに関し、基本理念及び政府による基本方針の作成その他の個人情報の保護に関する施策の基本となる事項を定め、国及び地方公共団体の責務等を明らかにし、個人情報を取り扱う事業者及び行政機関等についてこれらの特性に応じて遵守すべき義務等を定めるとともに、個人情報保護委員会を設置することにより、行政機関等の事務及び

> **事業の適正かつ円滑な運営を図り、並びに個人情報の適正かつ効果的な活用が新たな産業の創出並びに活力ある経済社会及び豊かな国民生活の実現に資するものであることその他の個人情報の有用性に配慮しつつ、個人の権利利益を保護することを目的とする。**

第３に、行政機関が行う政策の評価に関する法律（政策評価法）があります。政策評価とは、国の行政機関が政策の効果を測定・分析し、客観的な判断を行うことにより、政策の的確な企画立案や実施に役立てる情報を提供するものです。それを実現するために政策評価法が2001（平成13）年に定められました。

> **▶▶▶政策評価法第１条（目的）**
> **この法律は、行政機関が行う政策の評価に関する基本的事項等を定めることにより、政策の評価の客観的かつ厳格な実施を推進しその結果の政策への適切な反映を図るとともに、政策の評価に関する情報を公表し、もって効果的かつ効率的な行政の推進に資するとともに、政府の有するその諸活動について国民に説明する責務が全うされるようにすることを目的とする。**

ただ、この政策評価の実効性については、予算制度とリンクしていないこと、そもそも評価基準が漠然としていて適切な評価ができない欠陥があるという批判があります。

同様の仕組みに「公共事業評価」があり、こちらのほうが有用であるという指摘もあります。国土交通省や北海道・沖縄開発庁などの公共事業関係省庁では、公共事業評価のためのマニュアルや実施要領を作成、公表しています。これにより国民に情報を提供しながら事業執行と経営の透明性を高めるとともに、事業評価監視委員会では公共事業に対する批判や反対住民の意向を受けとめることを通じて、国民主権に奉仕する成果も期待されています。

「公共事業評価」とは、費用と便益の費用対効果で公共事業を評価する仕組みです。つまり、ある公共事業を実施することによって社会経済に及ぼす影響を貨幣単位で算出し、これを、その事業の初期費用・維持費用と比べ、便益が費用を上回っていれば、事業は妥当と判断する仕組みです。公共事業評価の結果に基づいて、政策決定者が個々の事業の実施・継続・中止を判断します。

もちろん、費用便益分析のみで公共事業の妥当性を判断できるものではありませんが、信頼できる重要な判断要素のひとつと言えるのです。

Ⅲ　特別裁判所の禁止と行政裁判所

明治憲法のもとで、行政事件は行政裁判所が担当していました。この行政裁判所は、名前は「裁判所」というものの、実質的には行政の監督機関であり、行政の一部でした。また、行政裁判所に助けを求めることができる事項もかぎられており、権利救済というよりは、困っている臣民を特別に助けてやるという恩恵的な性格のものでした。東京に１個あるだけで裁判所としての規模も小さく、また裁判官の身分保障も不完全であり、さらに行政官との兼務も許されていました。ですから、行政からの影響を受けずに、自律的な裁判を行うような組織ではありませんでした。

これに対して日本国憲法は、人権保障を徹底するために法の支配を確立し、英米法流の司法権を裁判所に与え、司法裁判所は、行政事件を含めて一切の法律上の争訟を裁判できるようになりました。その結果、特別裁判所、つまり通常の組織系列に属しない裁判所は禁止されました（憲法76条２項前段）。地裁の判決に不満ならば高裁に、高裁の判決に不満ならば最高裁に上訴できる、というのが、「通常の組織系列に属する」の意味です。これによって、どのような事件でも、最終的には最高裁判所に救済を求める途が確保され、司法権が統合的に行使されることになります。その結果、どこで裁判を起こしても同様に事件を解決してもらえるので、法の下の平等にもかなう裁判ができるわけです。特別裁判所は、そのような組織系列に属しない裁判所であり、不平等な裁判が行われるおそれがあるので禁止されたのです。

終審としての行政裁判所が禁止されたのも、特別裁判所が禁止されるのと同じ趣旨です。明治憲法のもとにあった行政裁判所は、そこでの裁判が終審となる行政裁判所でした。そのような裁判は、司法権の統合的行使と法の下の平等の点から認められないのです。逆に言えば、行政事件を専門に扱う裁判所を作っても、それが通常の組織系列に属するものならば憲法に違反しません。実際にも、前審として専門事件を扱う行政裁判が存在します。独占禁止法に基づく公正取引委員会の審決や、国家公務員法に基づく人事院の裁定などがその代表例です。いずれも、前審として行われる行政裁判であり、通常裁判所に出訴する途が確保されています。

このように、民事、刑事、行政の各事件を司法裁判所が一元的に扱う方向性は、理念としてはよかったのですが、行政事件では大きな問題をもたらしました。行政裁判を担当する司法裁判官が、国民の権利救済に消極的な態度をとるようになってしまったことです。

「六法」に行政法がいれてもらえなかったことで、行政法は学習科目として軽視されてきました。やや乱暴な言い方になりますが、司法裁判所の裁判官は、民事法や刑事法ほど、行政法に精通しているとは、必ずしも言えません。

学習対象として軽視されてきたこと以上に重要なのは、行政事件を担当する裁判官が、行政官僚の行った判断を審査しなければならないことです。警察行政にしろ、航空行政にしろ、それらの分野の裏まで知り尽くした専門家である官僚が行った行政判断を、そのような専門性をもたない司法裁判所の裁判官がはたして、自信をもって覆すことができるでしょうか。このような「行政の専門性」は、民事事件や刑事事件とは決定的に異なる点です。専門の知見を背景に十分に配慮して行われた行政判断を裁くときに、裁判官としても「たぶん専門の官僚が言うとおりなのだろうな」と自重し、素人の原告よりも官僚の判断を尊重するのが自然です。司法裁判所への一元化によって、違法行政を正す役割を裁判所が果たすことは困難になってしまったのです。

このような現状を打破し、権利救済の実効性を確保することは、司法型の裁判所に課された喫緊の課題でした。

この課題への立法の立場からの回答は、2004（平成16）年の行政事件訴訟法改正です。また、司法の立場からも、小田急高架訴訟判決（最判平成18年11月２日）で原告適格をゆるやかに認定したり、医療法に基づく病院開設の中止勧告について、それが行政指導であるとしながら処分性を認める（最判平成17年７月15日）などの判断が示されています。

これらの立法・司法による取り組みは、従来の仕組みを個別に修正していくミクロ的アプローチといえます。ただ、不都合を個別に修正することには限度もあります。そこで、そもそも行政事件を裁く基本スキームがどうあるべきかというマクロ的アプローチも、あわせて考えておかなければなりません。

その１つは、司法組織の中に行政専門の裁判所を作ることです。すでに裁判所には、専門事件を担当する裁判所が置かれています。たとえば、知的財産を専門に扱う知的財産高等裁判所がその例です。専門性が高い知財関係の事件を扱う裁判所の部局です。これと同じように、行政事件を専門に扱う裁判所の部局を、司法組織の中に作る方向性です。行政組織を巻き込まない改革なので比較的実現のハードルが低い点はメリットですが、司法組織として活動する以上、司法権を超えて、行政裁量にまで踏み込んで救済を行うことは難しいというデメリットがあります。

2つ目は、行政組織の中に裁判を行う部門を作ってしまう方向性です。そのようなものとして現在でも国税不服審判所がありますが、扱う事件を国税関係にかぎらず、行政事件一般にまで広げた行政不服審査所を作る方向性です。もちろん、特別裁判所が禁止される憲法のもとでは、そこで行われた判断に不服があれば通常裁判所に上訴できる必要があります。この仕組みのメリットは、判断主体が行政なので、行政裁量にまで踏み込んで判断できる点です。ただ、行政組織全体にメスを入れた改革になるため、実現のハードルが高いというデメリットもあります。

このように、権利救済の実効性を高めていくためには、一方で、裁判所が解釈を通じて訴訟要件などを緩和したり、国会が行訴法を改正しながら、他方で、現行の救済モデルに代わるグランドデザインを描くことも必要です。

Ⅳ　憲法問題を裁判で争うには？

❶法律上の争訟

憲法の最高法規性を確保するために、憲法は裁判所に違憲審査権を与えています（憲法81条）。ただこの権限は、具体的事件の解決に必要な限度で行使されるものです(付随的審査制)。ですから、憲法問題を裁判所で争うときには、「憲法訴訟」という裁判を起こすのではなく、通常の民事、刑事、行政事件の裁判を起こし、その中で憲法問題を争うことになります。

行政事件では、主として、行政権が国民の権利利益を侵害したかどうかが争われます。権力による権利（人権）侵害を争う点では、むしろ行政事件の裁判こそが憲法訴訟のメインルートになりやすいはずです。しかし、それが厳しい訴訟要件の壁によって、国民に利用しにくい制度になっていたことはすでに見たとおりです（第1編4章Ⅳ）。

裁判所に審査してもらうまでの道のり

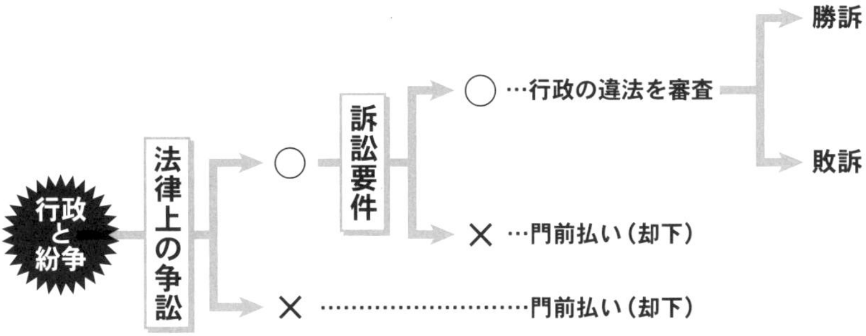

もうひとつの壁があります。「法律上の争訟」の要件です（裁判所法３条）。付随的審査制のもとでは、「司法権」（憲法76条１項）を発動できる争いでなければ、裁判所は裁判ができません。司法権は、具体的事件に法を適用して解決するはたらきです。たとえば、ご本尊様が本物かどうかという争いは宗教上の教義に関わる争いですから、法律を使って解決できるような争いではありません。そういうものを裁判所は取り上げない、というのが、この要件の趣旨です。（板まんだら事件。最判昭和56年４月７日）。「法律上の争訟」といえるものでなければ、原則として、裁判はできないのです。

▶▶▶裁判所法第3条１項

裁判所は、日本国憲法に特別の定のある場合を除いて一切の法律上の争訟を裁判し、その他法律において特に定める権限を有する。

❷宝塚市パチンコ条例事件

法律上の争訟が問題になった判例として行政法上重要なのが、宝塚市パチンコ条例事件判決（最判平成14年７月９日）です。

宝塚市では、条例（昭和58年宝塚市条例第19号として定められた旧条例）でパチンコ店の出店を規制していました。市長の同意がなければ出店できないと定めていたのです（同条例３条）。パチンコ業者Aは、宝塚市でパチンコ店を開こうと考え、市長に同意を求めたのですが、市長はそれを拒否しました。ところが、Aはそれを無視し、建築確認を得ただけでパチンコ店の建設を開始しました。そこで、市長は、Aに対して条例を根拠に建築中止を命じました（同条例８条）。にもかかわらず、Aはそれも無視して工事を続けたため、市長は工事の禁止を求める民事訴訟を裁判所に起こしたのがこの事件です。

▶▶▶宝塚市パチンコ店等、ゲームセンター及びラブホテルの建築等に関する条例（昭和58年8月20日）

1条（目的）

この条例は、宝塚市環境基本条例（平成8年条例第23号）第7条の規定に基づき、市内におけるパチンコ店等、ゲームセンター及びラブホテルの建築等について必要な規制を行うことにより、良好な環境を確保することを目的とする。

3条（市長の同意）

市内において、パチンコ店等、ゲームセンター又は旅館（以下「指導対象施設」という。）の建築等をしようとする者は、あらかじめ市長の同意を得なければならない。

8条（是正措置）

市長は、第3条の規定に違反して指導対象施設の建築等をしようとする者又は第６条に規定する市長の指導に従わない者に対し、

宝塚市パチンコ条例事件

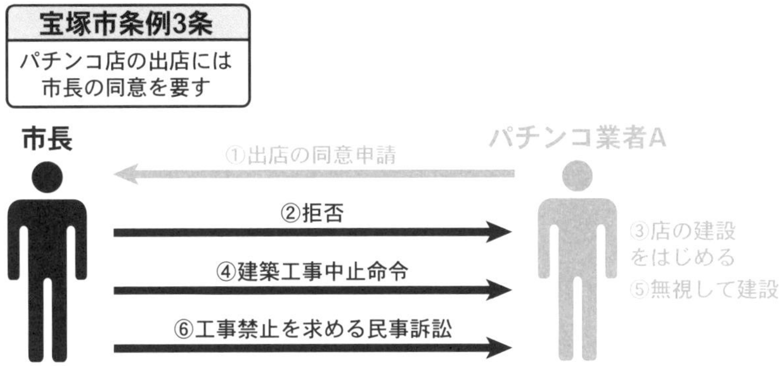

建築等の中止、原状回復その他必要な措置を講じるよう命じることができる。

まず、この判例の背景を理解するのに必要な限度で、行政上の強制執行について説明します。

たとえば、行政から「税金を払え」と義務を命じられたときに、もし命令に従わなければ、その人の財産を強制的に差し押さえて売ったときの価額が租税債務にあてられます。違法な建物を取り壊せと命じられたのに従わないときには、役所が解体業者を使って強制的に建物を取り壊すほかはありません。このように、行政自身がその義務を強制できる仕組みを行政上の強制執行、略して行政強制といいます。

現行法ではどのような行政強制が認められているでしょうか。戦前は、行政執行法という法律が制度の中心になって、ほとんどどんな義務でも、行政が、司法を関わらせずに、みずから強制的に行政上の義務を実現でき

行政上の強制執行

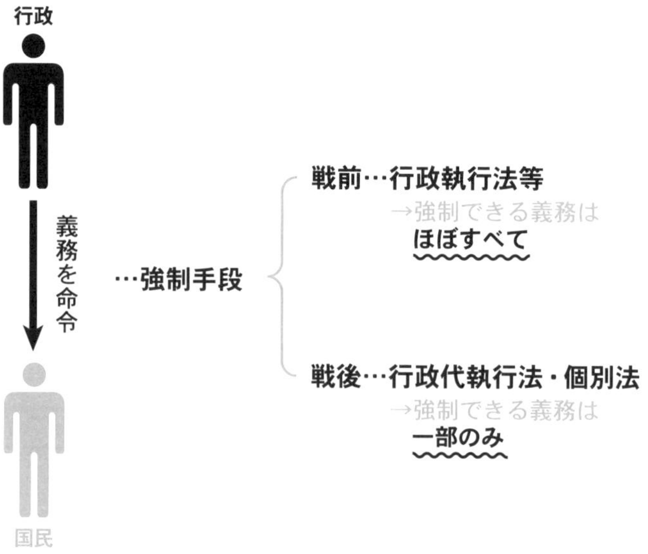

ました。行政みずからが義務を実現することを「行政的執行」といいます。戦前は、行政的執行が完備していました。

ところが、戦前、戦中とこれが濫用されて人権侵害を招いた反省から、戦後は、一部の義務以外、行政が強制することはできなくなりました。行政代執行法１条によれば、個別に法律で行政強制の仕組みが定められていればそれによること、そういう定めがなければ、行政代執行法の仕組みで履行を確保すると定めています。ただ、個別の法律といっても、実際に行政強制の仕組みを定めた個別法は少ししかありません。また、「別に法律で定めるもの」（行政代執行法１条）とあるので、その仕組みを条例で定めることはできません。ですから、条例に基づく義務を強制する仕組みは行政代執行しかありません。しかし、行政代執行を使って強制できる義務は、行政が命じた義務のすべてではなく、代替的作為義務にかぎられるのです。

戦前を反省しすぎて、強制する仕組みがあちこちで穴の開いたままなのです。これでは、公益を実現することが不徹底になってしまいます。そもそも、地方自治が憲法で保障されているのに、条例で強制の仕組みを作れないようでは、地域の行政需要に応えることもできません。

▶▶▶行政代執行法第1条
行政上の義務の履行確保に関しては、別に法律で定めるものを除いては、この法律の定めるところによる。

さて、この事件に戻ります。宝塚市の条例でも、中止命令を強制する仕組みを定めることはできませんでした。また、建設中止命令は不作為義務なので、行政代執行法でも強制ができません。そこで宝塚市は知恵を絞り、民事訴訟を使って建設中止義務を強制しようしたのです。

ところが、最高裁判所は、行政上の義務の履行を求める訴訟は法律上の争訟にはあたらないと判断して訴えを却下しました。

「国又は地方公共団体が提起した訴訟であって、財産権の主体として自己の財産上の権利利益の保護救済を求めるような場合には、法律上の争訟に当たるというべきであるが、国又は地方公共団体が専ら行政権の主体として国民に対して行政上の義務の履行を求める訴訟は、法規の適用の適正ないし一般公益の保護を目的とするものであって、自己の権利利益の保護救済を目的とするものということはできないから、法律上の争訟として当然に裁判所の審判の対象となるものではなく、法律に特別の規定がある場合にかぎり、提起することが許されるものと解される。そして、行政代執行法は、行政上の義務の履行確保に関しては、別に法律で定めるものを除いては、同法の定めるところによるものと規定して（１条)、同法が行政上の義務の履行に関する一般法であることを明らかにした上で、その具体的な方法としては、同法２条の規定による代執行のみを認めている。また、行政事件訴訟法その他の法律にも、一般に国又は地方公共団体が国民に対して行政上の義務の履行を求める訴訟を提起することを認める特別の規定は存在しない。したがって、国又は地方公共団体が専ら行政権の主体として国民に対して行政上の義務の履行を求める訴訟は、裁判所法３条１項にいう法律上の争訟に当たらず、これを認める特別の規定もないから、不適法というべきである。」（判決文）

この判例によると、条例に基づく建設中止命令に従わない者に対しては、行政強制も民事上の執行もできないということになります。しかしこれでは、地域の環境をよくしようという住民の意思は無視され、地方自治権を保障した憲法の趣旨と矛盾してしまいます。

英米法には、行政上の義務に裁判所を関わらせて履行を確保する仕組みがあります。行政的執行に対して、「司法的執行」といいます。「法律上の争訟」が、日本国憲法の「司法権」とほぼ同じ意味であり、「司法権」がアメリカ流のものであるならば、裁判所は司法的執行にもう少し理解を示すべきでした。

板まんだら事件のように、裁判所が判断できない問題ならば「法律上の争訟とはいえない」というのもわかります。しかし、この事例では、Aに建設中止義務が課されていることは誰の目にもはっきりしています。それを、中身について何も判断しないで門前払いをするのは、最高裁判所の職務放棄といっても過言ではないかもしれません。

❸客観訴訟

このように憲法問題を裁判で争おうとすると、「法律上の争訟」の要件や、行政事件訴訟法が求める訴訟要件が壁になり、憲法訴訟を起こすことは容易ではありませんでした。その一方で、そのような通常ルートの「抜け道」となって、多くの憲法裁判を支えてきたのが客観訴訟という裁判です。

裁判は、普通は自分の権利を守るために利用されます。そのような裁判を「主観訴訟」といいます。これに対して客観訴訟は、個人的な権利利益とは無関係に、法秩序を維持することを目的として起こされる訴訟です。自分のために起こすのが主観訴訟、公益、つまりみんなのために起こすのが客観訴訟というイメージです。

客観訴訟は、その意味で例外的な裁判ですから、それは法律に特別の定めがあるときだけ、法律に定められた者だけが起こせることになっています（行政事件訴訟法42条）。

▶▶▶行政事件訴訟法第5条（民衆訴訟）
この法律において「民衆訴訟」とは、国又は公共団体の機関の法規に適合しない行為の是正を求める訴訟で、選挙人たる資格その他自己の法律上の利益にかかわらない資格で提起するものをいう。

▶▶▶行政事件訴訟法第6条（機関訴訟）
この法律において「機関訴訟」とは、国又は公共団体の機関相互間における権限の存否又はその行使に関する紛争についての訴訟をいう。

▶▶▶行政事件訴訟法第42条（訴えの提起）
民衆訴訟及び機関訴訟は、法律に定める場合において、法律に定

行政事件訴訟法の訴訟類型

- **行政事件訴訟法**
  - **主観訴訟**
    - **抗告訴訟：** 取消訴訟、無効等確認訴訟、不作為違法確認訴訟、差止め訴訟…
    - **当事者訴訟：** 形式的当事者訴訟、実質的当事者訴訟（公法上の確認訴訟）
  - **客観訴訟**
    - **民衆訴訟：** 住民訴訟、選挙訴訟
    - **機関訴訟：** 長と議会の紛争訴訟

める者に限り、提起することができる。

客観訴訟のひとつである民衆訴訟を見てみましょう。民衆訴訟には住民訴訟（地方自治法242条の２）や選挙訴訟（公職選挙法203条、204条、207条、208条）があります。

❹住民訴訟

政教分離原則に関して最近、問題になった事件に、公金支出と政教分離が争われた白山《しらやま》比《ひ》咩《め》事件があります（最判平成22年７月22日）。

石川県白山市の市長の職にあった者が白山比咩神社の鎮座2100年を記念

する大祭の関連式典に出席して祝辞を述べたことが、憲法の定める政教分離原則（憲法20条1項後段、3項、89条）に違反する行為かどうかが争われた憲法訴訟です。

政教分離原則は、政治と宗教を分ける「客観的制度」であり、信教の自由のような「人権」ではありません。ですから、政教分離原則に違反しても、誰かの主観的な権利を侵す事態にはならないので、法律上の争訟ではありません。

ところが、地方自治法242条の2では、地方自治体が、たとえば政教分離原則を定めた憲法に反して違法に公金を支出したときに、裁判所に損害賠償を求めて訴えを起こすことができると定めています。自治体の首長は、住民の直接選挙で選ばれるので、その権限は絶大ですが、その分、不正が行われやすく、特に公金については、その使い途次第で政治が腐敗してしまいます。そこで、公金が不正に使われたときの最終手段として、裁判過程を使って不正を防止するのが住民訴訟という客観訴訟です。違法（違憲）な公金支出が行われたときに、みんなのために裁判を起こしてそれを直す仕組みです。

▶▶▶地方自治法（住民訴訟）第242条の2

普通地方公共団体の住民は、前条第1項の規定による請求をした場合において、同条第4項の規定による監査委員の監査の結果若しくは勧告若しくは同条第9項の規定による普通地方公共団体の議会、長その他の執行機関若しくは職員の措置に不服があるとき、又は監査委員が同条第4項の規定による監査若しくは勧告を同条第5項の期間内に行わないとき、若しくは議会、長その他の執行機関若しくは職員が同条第9項の規定による措置を講じないときは、裁判所に対し、同条第1項の請求に係る違法な行為又は怠る事実につき、訴えをもつて次に掲げる請求をすることができる。

一　当該執行機関又は職員に対する当該行為の全部又は一部の差止めの請求
二　行政処分たる当該行為の取消し又は無効確認の請求
三　当該執行機関又は職員に対する当該怠る事実の違法確認の請求
四　当該職員又は当該行為若しくは怠る事実に係る相手方に損害賠償又は不当利得返還の請求をすることを当該普通地方公共団体の執行機関又は職員に対して求める請求。ただし、当該職員又は当該行為若しくは怠る事実に係る相手方が第243条の2第3項の規定による賠償の命令の対象となる者である場合にあつては、当該賠償の命令をすることを求める請求

２（以下略）

この裁判でも、公金が憲法の政教分離原則に違反して支出されたかどうかが争われました。住民側の主張は、市長が記念式典に出席することは政教分離原則に違反するので、出席するとき使った公用車の運転職員に支払われた手当等、約１万6000円の損害を賠償せよ、というものでした。

第１審の金沢地裁は請求を棄却しましたが、２審名古屋高裁金沢支部は「市長の行為は憲法が禁じる宗教的活動に当たる」と判断し、公金の一部（2000円）を支払うよう命じました。

最高裁判所は、1977（昭和52）年７月13日に津地鎮祭最高裁判決が示した「目的・効果基準」を引用しながら、この事件で市長が関連式典に参加したことを合憲と判断し、上告を棄却しました。市長の一連の行為は、「宗教とのかかわり合いの程度が、我が国の社会的、文化的諸条件に照らし、信教の自由の保障の確保という制度の根本目的との関係で相当とされる限度を超えるものとは認められ」ないとしています。

このように、住民訴訟は、法律上の争訟の要件や行政訴訟で求められる訴訟要件というハードルを問題にすることなく、憲法訴訟を起こすことが

できます。憲法訴訟という観点からは、取消訴訟などの通常ルートに対する一種のバイパスとして機能してきたと言えるでしょう。「たかが1万数千円のために何年も裁判をするなんてばかげている」という見方をする人もいます。しかし、その事件の背後には多くの憲法違反の事例があり、違憲判決はそのような事例に大きな影響を与えます。憲法の規範力を維持するという点から見れば、このような客観訴訟には形式的な訴訟額では評価しきれない意味があるのです。

❺選挙訴訟

もうひとつの、「選挙訴訟」については、一連の一人一票実現訴訟を紹介します。

(1) 一人一票実現訴訟とは？

2019（令和元）年7月21日に第25回参議院議員通常選挙が行われました。この選挙については、全国45の選挙区すべてにおいて、全国8つの高等裁判所本庁と6つの高等裁判所支部に憲法訴訟が提起され、2020（令和2）年11月18日には最高裁大法廷判決がなされました。いわゆる一人一票実現訴訟です。

裁判の争点は、各々の選挙が、人口比例原則を守って行われたかどうかという点にあります。2019（令和元）年7月21日の参議院選挙当時、宮城県選挙区では、194万2518人なのに対して、福井県選挙区では、有権者数64万6976人でした。福井県の選挙民に一人一票が保障されているとすると、宮城県の有権者が有する票の価値は約0.34票しかなかったのです（東京も約0.34票）。

この選挙区での選挙において、福井県選挙区での当選者は19万5515票を獲得して当選していますが、他方で、東京都選挙区で49万6347票を獲得した候補者や、宮城県選挙区で46万5194票を獲得した候補者は落選しています。このような選挙区割りを定めている公職選挙法は人口比例原則を無視するもので、憲法違反として本来は無効であるはずです。

憲法前文第１文および憲法１条は国民主権、つまり国政のあり方を決める権力が国民にあることを定めています。そして、憲法前文第１文では、主権者である日本国民が国会における代表者を通じて行動することを定めています。そうだとすれば、主権者である国民一人ひとりが選挙の結果に対してもつ影響力、すなわち投票価値は平等でなければならず、したがって、選挙区の人口と、当選する議員の数の比率は、本来、全選挙区において同じでなければならないはずです。もし、この比率が同じでないならば、結局、全国の過半数に満たない割合の有権者が議員の過半数を選出することになり、これでは主権者の多数派によって正当性が与えられているとは到底言えないでしょう。ですから、人口比例原則を満たさない選挙制度は憲法に違反する、というのが一人一票実現訴訟における原告側の主張なのです。

実際に、2013（平成25）年７月21日に行われた第23回参議院議員通常選挙2014（平成26）年12月14日に行われた第47回衆議院議員総選挙などについて、最高裁大法廷判決は、現行の選挙区割りに基づく選挙は違憲状態にあるとの判断を示しています（最大判平成26年11月26日、最大判平成27年11月25日）。しかし、その後に行われた、2016（平成28）年７月10日の第24回参議院議員通常選挙、2017（平成29）年10月22日の第48回衆議院議員総選挙については、最高裁大法廷判決は、違憲状態とは認めませんでした（最大判平成29年９月27日、最大判平成30年12月19日）。

冒頭で触れた第25回参議院議員通常選挙についても、2020（令和２）年11月18日の最高裁大法廷判決は、参議院（選挙区選出）議員の議員定数配分規定の下での選挙区間における投票価値の不均衡は、違憲の問題が生ずる程度の著しい不平等状態にあったものとはいえないとして、原告の請求を棄却しましたが、投票価値の不平等について合理的な理由を立証したとまではいえません。

現在の衆議院議員の任期は2021（令和３）年10月21日に満了するため、衆議院の解散の有無にかかわらず、遅くとも同年11月30日までには、第49回衆議院議員総選挙が実施されることになります。この選挙についても、近々衆議院議員無効訴訟が提起される予定であり、私も弁護士グループのメンバーの一員として訴訟代理人を務めることになるでしょう。

(2) 選挙訴訟とは？

▶▶▶公職選挙法第204条

衆議院議員又は参議院議員の選挙において、その選挙の効力に関し異議がある選挙人又は公職の候補者…は、衆議院（小選挙区選出）議員又は参議院（選挙区選出）議員の選挙にあつては当該都道府県の選挙管理委員会を、衆議院（比例代表選出）議員又は参議院（比例代表選出）議員の選挙にあつては中央選挙管理会を被告とし、当該選挙の日から30日以内に、高等裁判所に訴訟を提起することができる。

選挙訴訟は、おかしな選挙が行われたときに、早急に無効かどうかを判断して、正しい選挙をやり直すことをめざす裁判です。自分の権利を守るためではなく、民主主義社会を実現するという公益のため、つまりみんなのために起こす客観訴訟です。

客観訴訟ですから、公選法204条で定められた人にかぎり、所定の期間内に、決められた裁判所にだけ起こすことができます。

通常の裁判との違いはほかにもあります。たとえば普通の裁判では、三審制がとられ、第1審は各地方裁判所ですが、一人一票実現訴訟がそうであるように、選挙訴訟の第1審は高等裁判所で、最高裁を含めて2審で確定します。選挙が無効ならばなるべく早く判決をだして再選挙を行う必要があるし、また選挙訴訟では事実認定が争われることも多くないからです。

(3) 一人一票実現訴訟の考え方

一人一票の意味についてもう少し述べておきます。

2014（平成26）年12月の第47回衆議院選挙では、東京都第1区に立候補した海江田万里氏は8万9232票で落選し、大阪府第19区に立候補した丸山穂高氏は5万6119票で当選しました。東京都民の1票は、大阪府民の1票と比べて、約3分の2の軽さで、0.63票に満たない価値しかないのです。このような選挙制度で行われる政治は民主政治といえるものではありません。

数字で票の重さを比べてもピンとこない人もいるかもしれません。たとえば、投票後、候補者名を書いた投票用紙の3分の1が何者かに持ち去られたため、残りの投票用紙だけで当選を決める、というような選挙は明らかに無効です。やり直すしかないでしょう。ところが、今まではそういう選挙が普通に行われていたのです。そういう選挙手続には大きな誤りがあります。手続に誤りがあれば、そこから得られた結果は、仮にどんなに優れたものであっても、何らの民主的正当性はありません。

もっといえば、現状の仕組みでは、国民の少数派が国会の多数派を選んでいるのです。

たとえば、2014（平成26）年12月の第47回衆議院議員総選挙では、有権者の約41.82％で小選挙区選出議員（295名）の過半数（148名）を選出しています。また、すでに最高裁が違憲状態と判断した2013（平成25）年の

第23回参議院選挙では、有権者の35％で小選挙区選出議員（146名）の過半数（74名）を選出していました。

このように、人口比例原則（一人一票）の要請を満たさない選挙制度では、多数派の国民が少数の国会議員を選出し、その裏返しとして、少数派の国民が多数の国会議員を選出するという状況が生じてしまいます。この状況のもとでは、多数派の国会議員の意見と、多数の国民の意見（但し、多数の国民から選出された国会議員の意見）が対立する場合が生じうることになります。憲法56条２項は、国会の議事について、基本的に議員の過半数で決めることを定めていますが、このような意見の対立が生じた場合には、多数派の国会議員の意見が必ず多数の国民の意見に勝利してしまうという結果になってしまいます。これでは、国政のあり方を最終的に決める権力を持つ主権者は国民ではなく、実は国会議員であるということになってしまいます。

民主主義のルールでは、少数派とも議論を重ねた上で、最終的には多数決で判断をするのがもっとも重要です。しかし、これでは多数決という議会制民主主義の根幹に関わるルールが機能していないということになります。

第23回参議院選挙についての2014（平成26）年11月の最高裁大法廷判決において、山本庸幸裁判官（元内閣法制局長官）は、「国民主権と代表民主制の本来の姿からすれば、投票価値の平等は、他に優先する唯一かつ絶対的な基準として、あらゆる国政選挙において真っ先に守られなければならないものと考える。これが実現されて初めて、我が国の代表民主制が国民全体から等しく支持される正統なものとなるのである。」との反対意見を述べていますが、まさに人口比例原則（一人一票）が適用されない選挙制度の下では、正当な議会制民主主義は成り立たないと言えるでしょう。

最高裁判所がこの問題にどういう判断を示すか、今はまだわかりません。しかし、この先、最高裁で違憲判決がでたとしても、それではまだ不十分です。一人一票の実現は15人の最高裁判事で決着をつけるような最高裁頼みの問題ではありません。あくまでも国民が自分の手で勝ち取らなければならない問題なのです。

誰もが対等に１票分の価値のある選挙権を保障されなければならないのに、ほとんどの選挙区民が１票未満の選挙権しかない。この現実に、一人ひとりが憤りを感じ、「一人前の人間扱いをされないのはおかしい！」と思い、一人一票に消極的な最高裁判事に国民審査の際に×をつけて罷免することで初めて、民主主義を国民の手で実現することになるのです。衆議院選挙のときに、最高裁判所裁判官の国民審査があわせて行われます。この国民審査は参政権であり、国の政治機構のあり方を国民自身が判断するためのものです。そのことがわかっていれば、一人一票に消極的な最高裁判事は、国民の手で解任しなければなりません。そのような判事に国民投票で×をつけることで、最高裁の判決の流れを、合憲から違憲に変えていくことができるのです。そのようになれば、国会が何もしないわけにはいかなくなるでしょう。国会に第三者機関が設置され、定期的に定数配分が見直される仕組みが作られるはずです。これが、一人一票実現に関する当面の目標です。

今こそ、民主主義が本当に日本に根付くかどうかが試されています。一人一票の実現は、このように、国民みずからの手で民主主義を実現する、そういうプロセスこそが非常に大事なのです。ぜひ、ホームページ（https://www.ippyo.org/）で自分の１票の価値を確認してみてください。そして、#ippyoをつけてtwitterでつぶやいてみてください。

第1編　理解度クイズ①

1　行政法上の通則的な法律ではないものはどれか。

①　行政作用法

②　行政手続法

③　行政不服審査法

④　行政事件訴訟法

⑤　国家賠償法

2　明治期の日本で行政法が作られる過程に直接の影響を与えなかった国はつぎのうちどれか。

①　フランス

②　ドイツ（プロシア）

③　イギリス

3　正しいものはどれか。

①　憲法の価値基準は個人の尊重だが、行政法の価値基準は公益の実現である。

②　憲法の母法は英米法だが、行政法の母法は大陸法である。

③　憲法と行政法とは法系が異なるので、両者の関連性を検討する必要はない。

④　憲法には日常的重要性があり、行政法には理念的重要性がある。

4　正しいものはどれか。

①　法務大臣が在留期間を更新する処分は自由裁量行為だから、法律で規

律されることはない。

② 憲法31条が定める適正手続保障は行政手続すべてに適用され、刑事手続と同じ手続的規律が求められる。

③ 今までの行政訴訟において、日本の最高裁判所は、訴訟要件をゆるやかに認めつつ、行政に違法はないという実体判断をする傾向が強かった。

④ 2004（平成16）年に行政事件訴訟法が改正され、救済範囲の拡大、裁判審理の充実・促進、行政訴訟の利用しやすさの実現、仮の救済制度の整備が図られた。

5 正しいものはどれか。

① 行政法で最も重要な基本原理は法律による行政の原理であり、これは憲法と関連しない行政法固有の法思想である。

② 憲法41条の国会中心立法の原則は、「法規」を作るのは法律によるべきとする原則だから、どのような行政組織を作るかは行政が自由に決めることができる。

③ 憲法76条２項は特別裁判所を禁止しているので、行政機関が裁判を行うことは憲法に違反する。

④ 「法律上の争訟」の要件を備えなくとも、行政との紛争を裁判で争うことができる場合がある。

6 客観訴訟でないものはどれか。

① 住民訴訟

② 抗告訴訟

③ 選挙訴訟

※解答は巻末

第2編

行政法とは何か

第1章　行政法の3分野

ここから、行政法の全体像を説明していきます。前編で説明したように、行政法という名前の法典は存在せず、行政法の実態は体系化された理論です。この理論は、次の3つの分野から成り立っています。

I　行政組織法

行政組織法は、行政の組織構成や各組織への権限配分を扱う法分野です。どういう役所があって、そこにどういう仕事をさせ、そのためにどういう権限が与えられているかということを問題にします。一言で言えば、誰が行政活動を行うかということを扱う分野です。誰が行政活動をしているのかといえば、それは国や地方公共団体です。具体的には、内閣、経済産業省、内閣府、公正取引委員会、都の環境局などの「組織」であり、内閣総理大臣、法務大臣や都知事などの「人」ということになります。

この分野で扱われる法にどのようなものがあるかを、国と地方とに分けて見ていきましょう。

国の行政組織の骨格を定めているのは、憲法です。憲法66条1項は、「内閣は、法律の定めるところにより、その首長たる内閣総理大臣及びその他の国務大臣でこれを組織する」と定めています。それは、内閣を頂点として、国の行政組織を法律で定める趣旨です。これを受けて、内閣法、国家行政組織法、内閣府設置法、その他の各省設置法などさまざまな法律が定められています。

地方行政の仕組みも、同じく憲法が出発点になります。憲法92条は、

「地方公共団体の組織及び運営に関する事項は、地方自治の本旨に基いて、法律でこれを定める」と定めており、これを具体化する代表的な法律が地方自治法です。

さて、行政組織法の分野は、次に見る行政作用法や行政救済法に比べると、それほど精緻な行政法理論をもちません。それは、行政組織をどう扱うかという問題が、必ずしも国民の権利利益に直結する問題ではなかったからです。従来までの行政法の関心事は、国民の権利利益をいかにして保護するかということでした。ですから、それとの関わりが直接的でない行政組織法は、行政法の中でもどちらかといえばマイナーな分野だったと言えます。

ただ、今日の行政法では、個人の権利利益そのものはもちろんのこと、民主主義ないし国民主権という視点も重視されるようになってきています。かつてのように、行政内部のことは行政に任せておけばいい、それで効率のよい行政運営や管理が行われれば充分である、とは言えなくなっているのです。国民主権の憲法のもとで行政が公正に運営されるためには、行政過程が可視的で透明性のあることが必要です。そもそも行政権は国民の負託を受けて行われるものですから、その運営や管理について、国民に説明責任を負います。このことを具体化した法律が情報公開法、個人情報保護法、行政機関が行う政策評価に関する法律（政策評価法）です。行政過程の透明性が求められることをけん引力にしながら、行政組織法の分野はこれから発展していくでしょう。

II　行政作用法

行政法理論の中心になるのは、国民の権利利益を守るために法律によって行政活動をコントロールすること、それに違反すれば裁判所が違法行政を正すことです。このうちの前半部分、すなわち、行政は法律によってどうコントロールされるかというテーマを扱うのが、行政作用法です。行政が、どのような場合に何ができるのか、何をしなければならないのか、どういう手続で行うのか等を扱う分野です。

行政作用法の分野でもっとも重要な言葉が、行政行為です。たとえば、税務署がある国民に所得税として100万円を払えと命令したとします。これを課税処分といいます。これは、行政法理論では「下命」に属し、下命は「行政行為」の一類型です。「行政行為」とは、行政が行う行為一般をさすのではなく、ある特殊な行政活動です。このことは後で説明します。

課税処分のような行政行為は、それを受ける国民の意思を無視して一方的に行われる上に、国民の自由と財産にマイナスになります。そのため、行政行為を行うには法律の根拠が必要であり、また、違法に行われた行政行為は取消訴訟という裁判で取り消され、こうして行政行為の相手方である国民は救済されます。

また、行政行為が、国民の権利利益を制約してまで一方的に行われるのは、それだけ公益を実現する必要があるからです。そこで、行政行為には、公益を実現するためのさまざまな特別の効力が認められます。たとえば、課税処分として100万円払えと言われた人は、それは計算間違いで、正しくは90万円だったとしても、正当な手続を採らないかぎり、「間違っているから払いません」とは言えません。これを公定力といいます。このような特別な効力を認められるのが行政行為なのです。

行政活動は、行政行為以外にもいろいろな方法で行われます。

たとえば、アルバイトでまとまった所得があるときに、確定申告をすると、還付金として収めすぎていた税金が戻ってくることがあります。確定申告の時期に、税務署に行って源泉徴収票を見せながら戻ってくるかどうかを税務署員に尋ねると、割と親切に教えてくれます。これを「税務相談」といいます。市民からの相談を受けて、税務署員がアドバイスをする

行政の行為型式

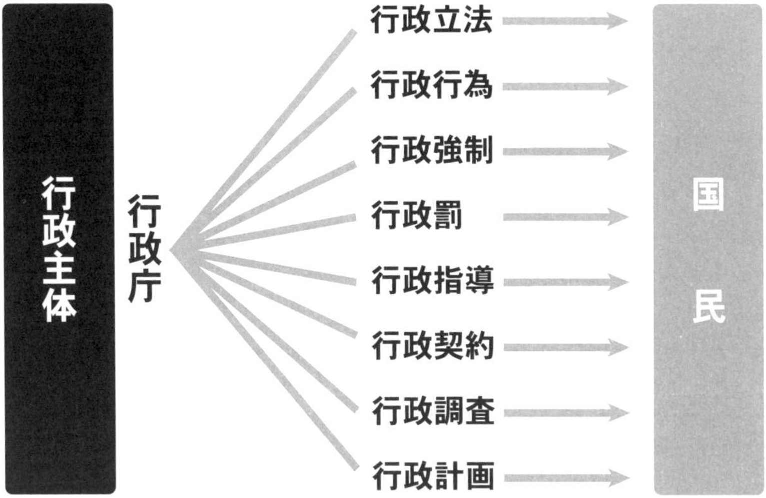

行政活動であり、行政法上は「**行政指導**」とよばれます。行政指導は一種のアドバイスですから、それに従うかどうかは自由です。行政行為のように、権利利益を一方的に制約するものとは違います。ですから、行政行為のようにコントロールする必要はなく、法律の根拠なしに行うことができます。

このように、行政活動を、いくつかに類型化して、類型ごとに法律によるコントロールの度合いや救済方法、手続的規制や特別の効力の有無などを整理した議論を、**行政の行為形式論**といいます。行政の行為形式論は、行政作用法の中心となるものです。

この分野の勉強方法について一言触れておきます。条文が出てくるのは行政代執行法と行政手続法くらいです。その反面、「行政行為」や「公定力」等の概念の意味（定義）をしっかりと理解して覚えることが重要です。行政法は、定義づけられた概念が積み上がってできた理論ですから、概念の定義が非常に重要なのです。

ちなみに、「課税処分」などに使われる「処分」（行政処分）という言葉は、一般には「規約違反をしたので処分された」というように、ルール違反に罰を与える意味として用いられます。しかし、行政法では「行政行為」とほぼ同じ意味に使われ、課税処分や運転免許を与えるような、行政がある私人の権利義務を一方的に決める意味であることに注意してください。

Ⅲ　行政救済法

行政活動は法律に従って行われなければならないのですが、もしそれに違反する行政活動が行われたら、誰かがそれを正す必要があります。そのルールをまとめた分野が、行政救済法という法分野です。

違法行政を正す役割は誰が負うべきでしょうか。

違法行政で被害を受けたときに、国民は、行政の窓口に苦情を申し立てて、これに応じて行政側が誠実に対応して是正措置をとることもあります。苦情処理とよばれる行政活動です。しかし、役所が誠意ある対応を示さないこともありますから、苦情処理だけで必ず違法行政を排除できるとは言いきれません。

国民を救済するための組織的な仕組みとして、行政不服審査という仕組みもあります。行政が、裁判に似た方法で、被害を受けた国民を救済する仕組みです。しかし、これも行政が主体になっている点で、行政と国民が争っている問題を公正に判断できる保障はありません。

そこで、違法行政を正して、国民の権利利益を守る役割を最終的に担うのが裁判所です。三権分立原則のもとでは、裁判所は行政権から独立して、公正で客観的に法を事件にあてはめ、事件を解決できる立場にあります。

そのような立場から行政活動の違法性を審査し、違法な処分を取り消すことを通じて原状回復を図り、被害を受けた国民を救済するのが取消訴訟です。

ただ、原状回復を図るだけでは、権利利益の救済として必ずしも十分とは言えないこともあります。たとえば、違法な営業不許可処分を３か月後に裁判で取り消してもらっても、もうけ損なった３か月分の営業利益は回復できません。そこで必要になるのが、行政救済のもうひとつの柱である国家賠償制度です。違法な行政活動によって受けた損害に対して賠償責任を行政に負わせて、金銭的に救済する仕組みです。

違法行政に対して、原状回復と金銭救済の２つを通じて国民を救済し、違法行政を正すのが、行政救済法の骨格です。

この分野は、行政作用法と違って、行政事件訴訟法、行政不服審査法、国家賠償法等の条文の解釈が中心になります。

行政不服審査法関連3法改正

2014（平成26）年６月、制定後52年ぶりに行政不服審査法が全面改正されました。また、行政不服審査法改正にあわせて、「行政不服審査法の施行に伴う関係法律の整備等に関する法律」と「行政手続法の一部を改正する法律」も成立しました。これが行政不服審査法関連３法改正です。

行政不服審査制度は、国民が、行政庁による処分について、行政機関に対して不服を申し立てる手続です。行政不服審査制度のメリットは、裁判所ではなく行政機関自身に対して不服を申し立てることで、簡易迅速な処分の見直しを求めることができる点にあります。

しかし、従来の行政不服審査制度は、行政機関による審査方法が明確に定められておらず、問題となっている処分に関与した者が審査に関与する可能性もあるなど、公正性に疑問がありました。また、不服申立てができる期間が短い上、手続がわかりにくいなど、使いにくい制度となっていました。

そこで、行政不服審査制度の公正性向上と利便性向上のため、行政不服審査法関連３法改正がされました。

公正性向上に関する改正としては、問題となった処分に関与していない者が「審理員」となって審理を行うこととなった点や、有識者からなる第三者機関が審査庁の判断をチェックする仕組みができた点があげられます。

利便性向上に関する改正としては、改正前は60日間しかなかった不服申立て期間を３か月に延長した点や、改正前は「審査請求」と「異議申立て」という２種類の不服申立て方法が存在していたところ、「異議申立て」を廃止して「審査請求」に一元化した点があげられます。

また、行政不服審査法の改正に伴って、行政手続法の一部も改正されました。この改正では、国民の権利利益の保護の充実を図る趣旨から、国民が行政に対して行政指導等の違法行為是正処分を求めることができるという規定や、違法な行政指導がされた場合にその中止等を求めることができるという規定が設けられました。

第2章　公法と私法

I　二元論

行政法の教科書の最初のほうで必ず取り上げられている議論に、「公法と私法」というテーマがあります。行政法の基本問題です。「二元論V.S.一元論」として争われてきました。

「二元論」は、行政と私人との法律関係（権利義務関係）を公法関係と私法関係に分けるべきだと主張します。何のために分けるかというと、大まかに言えば、私法関係には民法を中心とした私法が適用されるが、公法関係には「行政に特殊固有の法」が適用され、私法は適用されないと考えます。

たとえば、AさんがBさんからお金を借りた場合、返す約束の期日になればAさんには返還債務が、Bさんには返還債権が、各々発生します。このような権利と義務の関係を「法律関係」といいます。

「法律関係」は国民と行政との間にも発生します。たとえば、Cさんに一定の所得があれば税務署長Dは「10万円の税金を払え」と命令します。これによって、Cさんには10万円を支払う義務が発生します。CD間のこのような権利義務関係を公法上の法律関係（または行政上の法律関係）といいます。金銭消費貸借のような私法上の法律関係はAとBとの自由意思に基づく契約によって発生するのですが、租税債権のような公法上の法律関係は、税務署長が法律に従って課税処分をしたことによって発生します。有無を言わさず権力的に「払え」と命令したことによって発生するもので

二元論とは

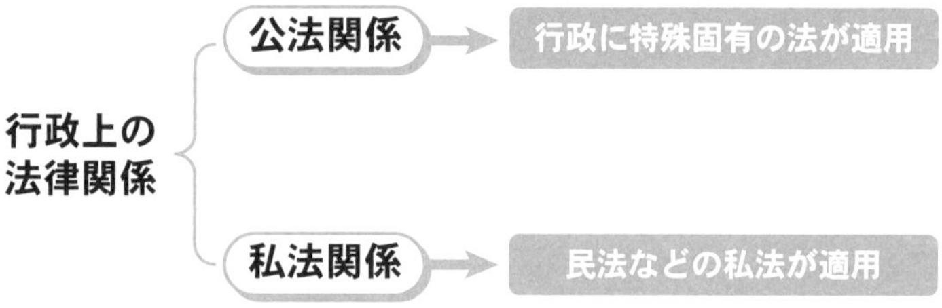

す。このような場面では、私的自治の原則に従って自由意思で契約を結ぶ民法のモデルとは違って、民法を適用する基盤がありません。そこで、民法の適用が排除されて行政に特殊固有の法（公法）が適用される、というのが二元論の主張です。

「行政に特殊固有の法」というのは必ずしもはっきりしませんが、たとえば、公法上の権利は、他人に譲渡できないとか、時効にかからない、というような、行政法理論として生成されてきた不文のルールをさすのでしょう。

ちなみに、租税債権の消滅時効は、従来から国税でも地方税でも国税通則法や地方税法で５年と定められていました。かつては、民法上の債権の消滅時効は原則として10年と定められていたため、消滅時効の期間の違いも二元論の根拠のひとつとされていましたが、現在はそのような違いはなくなっています。

▶▶▶会計法第30条
金銭の給付を目的とする国の権利で、時効に関し他の法律に規定

公法と私法の違い

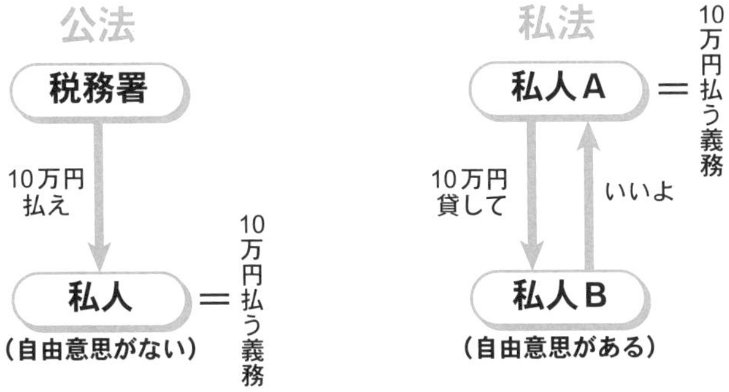

がないものは、これを行使することができる時から５年間行使しないときは、時効によつて消滅する。国に対する権利で、金銭の給付を目的とするものについても、また同様とする。

▶▶▶民法第166条
債権は、次に掲げる場合には、時効によって消滅する。
　一　債権者が権利を行使することができるとことを知った時から５年間行使しないとき。
　二　権利を行使することができる時から10年間行使しないとき
２（略）

ただ、二元論によっても、権力的でない私法関係では民法などの私法が適用されます。たとえば、公立学校や市役所で備品を業者に発注したり、道路や橋の工事をゼネコンに請け負わせるような場合は、行政が、私人である業者と民法上の契約を結んで工事を進めます。このような私経済関係には民法が適用されます。

Ⅱ　一元論

一元論とは

行政上の法律関係 →

民法などの私法が適用される。
行政法規の定めがあれば、
特則として優先適用される。

このような二元論に対して戦後の行政法学は、これを権威主義的なものとして徹底的に批判します。行政と私人とを対等なものと捉え、公法関係と私法関係という区別は認めるべきではないと主張してきました。一元論といわれる立場です。

もちろん、一元論を主張する立場でも、たとえば法律で租税債権を権力的に発生させることは認めています。しかし、これは、そのような権力性を法律が認めているだけにすぎない、と考えます。話合いで税額などを決めているようでは税金を集めることができなくなってしまうという、徴税の性質に照らした、立法政策の問題だというわけです。あえて、公法関係というカテゴリーを作るしか説明の方法がないわけではないのです。

かつて時効期間を民法より短く定めていたことから二元論の根拠とされていた会計法30条なども、租税関係では権利義務を早期に決済して行政の便宜を図る必要があり、そう法律で定めたから民法の適用が排除されるだけだとします。別に公法原理があるから排除されるのだ、という説明しかできないわけではありません。

もちろん、「公法」という言葉で実定法を分類することは、本シリーズ『法学入門』で触れたように六法の編集などに有益です。しかし、それ以上に、行政に特殊固有の法というものが存在し、権力関係では民法が排除され、公法理論によって規律される、と考える必要はないのです。それぞれの行政法関係にふさわしい処理を個々の行政法規が個別に行っているだけなのです。「民法－商法」が「一般法－特別法」という関係に立つように、「民法－租税法」も一般法と特別法と同じような関係にあると考えてよいのです。

もともと、公法と私法という分類は大陸法系を起源にします。それらの国では、通常裁判所と行政裁判所とが分かれているので、行政裁判所で適用される法を「公法」として分けておく意味がありました。日本でも、ドイツに倣って行政裁判所を設置していた明治期であれば、「公法と私法」という区分は有用でした。しかし、日本国憲法が定められ、そこでアメリカの法制度を継受し、行政裁判所が廃止され、一切の事件を通常裁判所で扱うようになった以上、公法と私法とを分けておく実益はなくなっていたのです。

このように考えるのが「一元論」という立場です。

III　新しい動き

しかし、最近ではこのような「行政の私法化」ともいうべき現象に対して、一定の歯止めをかける主張も行われています。

たとえば、道路は、行政法では公共用物です。公共用物だとすると、利用者である国民にとって一番利用しやすくなるように運用されなければなりません。日本道路公団は解体されて、新しく株式会社が管理するようになりました。しかし、市場原理と利潤追求という純粋な民間企業の論理だけで、高速料金を自由に決めてよいわけではありません。それでは、通行量が少ない道路が廃止されても仕方がないことになりかねません。行政活動が、「公益」や「公共性」をキーワードにしている以上、民法とまったく同じく、「私益」追求を尊重するルールだけに一元化して処理するのは不適切なのです。個々の場面で「公益」「公共性」をきちんと考え、民法的処理と別扱いすべきは別扱いする、という態度が求められています。要は、一元論に立ちながらいかに行政の公共性に配慮していくかが求められているのがこの議論の現状です。

PFI法と行政財産

PFI（Private Finance Initiative）は、公共施設を効率的に整備するために民間事業者を積極的に公共事業に関与させる仕組みです。日本でも、1999（平成11）年に議員立法で定められました。さらに2001（平成13）年の改正で、行政財産の貸付けができるようになりましたが、その内容は従来の国有財産法とかみ合わないものでした。国有財産法18条では、行政上の目的のために所有する「行政財産」（官庁の建物や事務用品など）を民間に貸すことは原則として禁じられていますが、改正PFI法では、契約によって行政財産を民間に貸すことが認められたのです。

しかし、本来貸せないものが貸せるようになったといっても、官庁の建物などは、もともと、公のために作られたものですから、純粋に私法だけを適用するだけでは、公共性にそぐわない事態に陥ります。PFI法に基づいたそのような契約であっても、そこに公益を考慮して公法的に規律されると考える必要があるのです。それは具体的には、借地借家法の制限的適用として本格的な行政法の学習で学ぶことになります。いずれにしても、一方が公益を担う行政主体である以上、私法が適用されるといっても、公益をまったく考慮しなくていいということにはならないことに注意が必要です。

第3章　行政の仕組み——行政組織法

誰が行政活動を行うかということを扱うのが行政組織法です。あまり理論的なところではありません。言葉の意味をよく押さえておいてください。

I　行政主体

❶基本的な仕組み

行政活動を行うのは誰でしょう？

抽象的に言えばそれは、国または地方公共団体です。国や地方公共団体は「行政主体」といわれます。行政主体とは、行政上の権利義務を負い、自己の名と責任において行政活動を行う法人をいいます。たとえば、税務署長の名義で課税処分が行われたときに、租税債権が帰属しているのは税務署長ではなく、国や地方公共団体です。税務署長に債権が帰属すると考えると、納められた税金は税務署長のポケットマネーになってしまいますから、これは当然です。この当然のことをきちんと説明するために、「行政主体」と、税務署長のような「行政庁」（後述）とを区別しておく必要があるのです。私人と行政契約を結んだときにも、契約上の権利義務は国や地方公共団体に帰属します。

行政主体には、次頁の図で示したような種類があります。特殊法人や独立行政法人などの政府周辺法人は、行政法上はどちらかというとマイナーですが、行政改革などで脚光を浴びており、ニュースでは耳にすることが多いでしょう。

行政主体

- **行政主体**
  - **国**
  - **地方公共団体**
    - **普通地方公共団体**
      …都道府県、市町村
    - **特別地方公共団体**
      …特別区、地方公共団体の組合、財産区、地方開発事業団
  - **それ以外** …… **公共組合、特殊法人、独立行政法人、国立大学法人、認可法人、指定法人、登録法人**

❷政府周辺法人

行政活動は、国や自治体だけが行っているわけではありません。むしろ、ニュースなどで話題になるのは政府周辺法人です。これは、国以外の立場で国の行政活動を行う法人をいいます。

(1) 特殊法人

かつては「特殊法人」として、日本道路公団、鉄道建設公団、住宅・都市整備公団など200を超える団体がありました。特殊法人では、役員人事権を国（担当省庁）がもつことなどから、天下りが横行していました。また、公務員試験に合格して採用された職員と同じ行政活動を行うのに、特殊法人の職員に関しては試験採用や平等原則などの公務員法の制約がないので、インチキ採用もあったようです。業務監督も担当省庁がもつため、天下りをした「大先輩」に対して監督を行うことは事実上期待できません。

このような批判もあって、2001（平成13）年に特殊法人等改革基本法が制定され、特殊法人が廃止、整理縮小、移管され、その数は33まで減りました（2014（平成26）年４月現在）。

(2) 独立行政法人

こうして、肥大化した政府の減量を進める一方で、必要とされる事業の受け皿になっているのが「独立行政法人」です。たとえば、特殊法人である住宅・都市整備公団は2004（平成16）年７月に独立行政法人である都市再生機構に移管されました。また日本道路公団は、2005（平成17）年10月に分割民営化され、保有施設や債務は「日本高速道路保有・債務返済機構」に譲渡され、施設の管理運営事業と建設事業は３つの民間会社に分割されて行われています。

「分割民営化」は、民間でできるものを民間で行おうというスローガンです。旧国鉄、旧道路公団や、最近では郵政民営化があります。これらは、国民生活や社会経済を円満で安定したものにしていくために必要な事業である上に、民間に任せてもうまくいく事業です（郵政事業には異論もありますが）。逆に、民間に任せると事業が円満に行かなくなったり、不安定になるものが、独立行政法人に任されることになります（独立行政法人通則法２条１項）。

もちろん、せっかく独立行政法人に移管しても、特殊法人の化粧直しでは意味がありません。そこで独立行政法人については、改革の趣旨が担保されるように、評価制度や組織・財務文書の公表義務など、さまざまな規制が導入されています。

Ⅱ　行政機関

❶言葉の意味

行政主体が権利義務の帰属主体であり、最終責任者だとしても、それ自体は形のない観念的な存在にすぎません。実際に営業許可処分を行ったり、行政指導の通知書を作成する担当者がいないと行政活動はできないのです。そこで、行政主体のために、誰がどういう役割を受けもつかを決めておく必要があります。このルールを組織規範といいます。このようにして決められた、行政主体の内部組織を構成する基礎単位を行政機関といいます。

❷権限分配と法律による統制

では、行政の役割分担は誰が決めるのでしょうか？

役割分担のような問題は国民の権利義務に関わりません。そのため、それについては行政の内部問題として行政が自由に決める、というのが明治憲法の考え方でした。明治憲法10条が行政組織を天皇大権（官制大権）の問題としていたのはそういう趣旨です。これに対して日本国憲法は国民主権の原理に立ち、「国会中心立法の原則」（憲法41条）を採用しています。そこでは、国民の権利義務に関する法規範（法規）にかぎらず、広く日本の統治構造をどのように作っていくかということにも国会によるコントロールを及ぼし、民主主義を徹底する発想がとられています。ですから、組織規範、つまりどこがどういう行政上の役割を分担するかというルールも、細かい部分は別として、基本的部分は法律で定めるべきなのです。

Ⅲ　行政庁

行政主体のために意思を決定し、それを外部の私人に表示する権限をもつ行政機関が行政庁です。

たとえば、法務大臣は、外国人に在留期間更新処分を行う行政庁です。更新の申請があれば、更新するかどうかを意思決定し、申請者（外部の私人）に「更新を拒否します」と伝える（表示する）のは法務大臣です。

行政庁と聞くと、外務省や文科省のような役所の建物をイメージするかもしれませんが、そういう意味ではありません。法務大臣などの各省大臣、各庁の長官、都道府県知事、市町村長など、通常は組織のトップが行政庁になります。ただ、法律の定めによって行政庁となることもあります。税務署長、警察署長がその例です。

でも、当たり前のことですが、実際に法務大臣自身が、資料に目をとおしていちいち判断したり、更新拒否の通知を作ったりしているわけではありません。法務省の中にある入国管理局で働いている役人やその部下たちがそういう事務を行っているわけで、そういう事務こそが実際の「行政活動」といえるでしょう。「行政行為を行うのは行政庁だ」という意味は、責任者を明確にして、私人との法律関係をわかりやすくするためのものです。必ずしも実際の行政活動の実態を表現するものではありません。

Ⅳ　補助機関

補助機関とは、行政庁の意思決定を補助する行政機関です。先の法務省の例でいえば、在留期間更新申請について、情報を集めたり、起案したり、決済したり、書類を作ったりして法務大臣を補助する法務省の職員です。イメージ的には、役所で働く公務員のことだと考えてください。

Ⅴ　諮問機関と参与機関

諮問機関は行政庁の諮問によって意見を述べる合議体です。「諮問」は「調査や議論をして検討してくれ」という程度の意味です。また「合議体」とは、何人かで話し合って意思を決める組織で審議会とよばれることも多いです。たとえば、司法制度改革で各大学が法科大学院を設置するときに、法科大学院の設置基準をまとめて文部科学大臣に答申したのは中央教育審議会です（2002（平成14）年８月５日答申）。大学教授などの大学関係者や民間企業の役員などが委員になっています。また、用途地域が指定されると土地の利用が制限されますが、都市計画でそれを決める前に審議会で話し合うこととしています（都市計画審議会。都市計画法77条の２、87条の２第７項）。

「審議会」という名のつくものに「放送番組審議会」というのがあります。テレビ番組でデータをねつ造した放送をしたりすると、そこで問題が審議されます。しかし、これは日本民間放送連盟という私人が設けている私的機関であって、行政法上の諮問機関ではありません。行政機関としての「審議会」は法令上の根拠に基づいて設置される合議機関にかぎられます。その根拠が国家行政組織法８条にあることから、かつては「８条機関」ともよばれていました。

審議会の役割はそれぞれの審議会ごとに異なりますが、専門的意見を行政に反映させること（専門性）、住民など各方面からの意見聴取（民意集約）、社会的利害の調整（説得）などがその役割といわれています。利害調整というのは、有り体にいえば「審議会で意見を聞いて決めたのだから言うことをきけ」ということです。民主主義には、みんなで話し合って決める、という側面と、みんなで決めたことだから従う、という２つの面があるのです。

審議会でまとめた意見を行政庁に報告することを「答申」といいます。これには法的拘束力がありません。つまり、行政庁は答申と違う決定をしても、その行為が違法になることはありません。

審議会と似た役割を果たす合議体に「参与機関」があります。求めに応じて課題を検討する役割は審議会と同じです。しかし、参与機関の判断は、

「答申」ではなく「議決」などとよばれ、これには法的拘束力があります。たとえば参与機関の例としては電波監理審議会があげられ、そこで行われた議決に総務大臣は法的に拘束されます（電波法94条）。法的に拘束されるので、それに従わないで処分（行政行為）を行えば、それは違法処分と扱われます。

審議会

審議会の諮問手続は、専門知識を反映したり、民主主義を具体化する機能があるはずですが、実際には審議会の人的構成の偏りや、決定プロセスが密室で行われることから、官僚主導の意思形成の隠れ蓑《みの》になっていると指摘されています。審議会のメンバーに誰を選ぶかは関係省庁が握っているので、官僚に都合の悪い人は任命されにくく、仮に任命されても多数派になることはありません。また、業界関係者でメンバーが固められているときは、自分たちの既得権益を守るためであるとみてよいでしょう。

メンバーは非常勤であることが多く、また審議会で用意される資料も必ずしも十分でなかったり、渡されてもそれを読み込む時間的余裕がないことも少なくありません。ですから、どうしても自分の専門分野に関する断片的な発言しかできず、全体を俯瞰した意見をいうのは難しいようです。そうなると、部分的に委員の意見がとり入れられることはあっても、議案全体について舵取りをするのは、審議の裏で関係方面に根回しをしている官僚たちといえます。

このようにして、「専門家が決めた」「住民たちも参加させて決めた」という外見を装いながら、実質は官僚が意思決定を行っていることも多いのです。しばしば、「審議会は官僚の隠れ蓑だ」と言われるのはそういう意味です。

このような弊害をなくすためには、委員に所管省庁のOB起用を避けたり、会議や議事録の公開によって審議内容の透明性を確保するなど、外見上から公正さを疑われない工夫が必要です。

Ⅵ 「行政機関」という言葉の2つの意味

行政機関

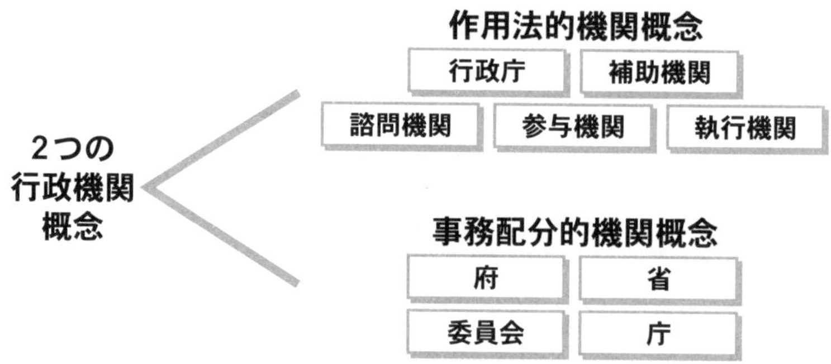

「行政機関」という言葉には２つの使い方があります。在留期間更新処分をするのは法務大臣という行政機関（行政庁）でした。責任者を決めて私人との法律関係を明確にするためでした。このような意味で使われる「行政機関」を「作用法的機関概念」とよんでいます。行政作用法や行政救済法は、国民の権利義務にどのような影響を与えるかを重視して組み立てられた理論です。そこでは、権利を侵害し、義務を課した責任を負うのは誰かということに関心が集まります。そのため、作用法的機関概念として「行政庁」がキーワードになってきたのです。

もうひとつ、仕事を行う組織体をさして「行政機関」という場合もあります。責任者が法務大臣であるとしても、実際に在留期間の更新事務を行うのは入国管理局という役所です。「行政機関」を、責任者という意味ではなく、組織体の意味で使う場合を「事務配分的行政機関概念」といいます。国家行政組織法が、省・委員会・庁を「国の行政機関」としているのは、そういう意味の行政機関です（国家行政組織法１条、３条２項）。国家行政組織法や内閣府設置法は、どういう行政組織にどのような任務と権限（これを「事務」といいます）を与えて仕事をさせるかを決める法律です。ですから、そのような法律を定めるには、1人の責任者ではなく、個々の組織体をさす言葉が必要になります。別の言葉を使ったほうがわかりやすかったかもしれませんが、いろいろな経緯もあって「行政機関」という同じ言葉が使われるようになりました。そこでは、各省の大臣は「行政機関の長」とよばれています（国家行政組織法5条1項）。

Ⅶ 公務員

行政機関（作用法上の）は法的地位をさす言葉であるのに対して、公務員は、その法的地位に就いて行政活動を行う人です。前者が「ポスト」であり、「役職者のイス」であるのに対して、後者は「ポストに就く人間」であり、「椅子に座る人」です。

公務員と行政主体との法律関係について、かつては「特別権力関係」という理論で公務員関係を捉えたこともありました。しかし、憲法の「公務員の人権」で勉強したとおり、公務員関係を特別扱いすることは、今日では憲法の基本理念に合わない考えなので否定されています。ただ、それならばサラリーマンとまったく同じとみていいのかといえばそうではありません。公務員は、公益を追求する仕事に従事するのですから、そのような民間企業の雇用関係とは違う特色もあります。それを学んでいくのが、公務員法という分野です。

民間の雇用関係と公務員関係の違いを大まかに言えば、雇用関係では、労働条件が自由意思に基づく雇用契約によって決められますが、公務員関係では勤務条件が国家公務員法や地方公務員法などの法律で決められているという点です。勤務する特定の会社のために働くサラリーマンと違って、公務員は、全体の奉仕者です（憲法15条2項）。国民や住民全体の利益のために働くわけですから、勤務条件もそれに適合するように決めておく必要があるからです。

同じ理由から、採用は「任命」、退職は「承認」という独自の方式で行われ、また、労働基本権の制限や秘密保持義務などさまざまな公益のための義務に服します。

「講学上の用語」と「法令上の用語」

「法令上の用語」というのは、法律の条文で使われている用語です。これに対して、「講学上の用語」とは、学者が創り出した用語です。たとえば、「免許」というのは、道路交通法で使われている法令上の用語ですが、行政法の学問の世界では、それを「許可」といいます。また、「行政行為」も講学上の用語の典型です。法律の条文では「行政行為」という言葉ではなく、（行政）「処分」という言葉が使われます（行政事件訴訟法3条など）。

学者は理論的な体系を重視し、その体系を説明しやすくするために言葉を創り出すのですが、学者の間で議論が紛糾してくると、講学上の用語と法令上の用語とが食い違うことが混乱を招くもとになってしまいます。こういう違いはなくしたほうがわかりやすさの点ではよく、最近では、たとえば「行政行為」という言葉は使わないほうがいいという指摘もでてきています。

第2編　理解度クイズ②

1　行政法を３つの分野に分けたときに、その３つに含まれないのはどれか。

①　行政代執行法

②　行政救済法

③　行政作用法

④　行政組織法

2　誤っているものはどれか。

①　行政法と憲法は公法に属する。

②　公法私法二元論によれば、行政上の法律関係に民法が適用されることはない。

③　公法私法一元論によれば、行政上の法律関係に民法が適用されることもある。

④　公法私法一元論に傾きすぎると、行政の公共性や公益を見落としがちだという指摘がある。

3　作用法上の行政機関ではないものはどれか。

①　独立行政法人

②　行政庁

③　補助機関

④　諮問機関

※解答は巻末

第3編

行政法の基本構造

第1章 法律による行政の原理

Ⅰ　法律による行政の原理の誕生

行政法の基本原理は「法律による行政の原理」です。似た用語で法治主義という言葉は、広く「法」によって権力をコントロールするという意味で使われることがあることは前に触れました（第１編５章Ⅰ）。行政が従わなければならないのは、「法一般」ではなく、議会（国会）が作った法である法律でなければなりません。

法律による行政の原理とは、行政活動が、法律に基づき、法律に従って行われなければならないことをいいます。

市民革命前のヨーロッパでは、君主が自分に都合のよいルールを作り、もしそのルールをめぐって市民と争いになれば、君主と結託した裁判所が君主に都合よくルールを変えたり作ったりして事件を裁いていました。ルールを作る権限とそれを適用する権限が１つに集中していたことにより、それが濫用され、市民の自由はないがしろになっていました。

市民革命によって近代自由主義国家が形成されていく中で、各国は三権分立制を採り入れることになりました。ルールを作る立法権は議会に、ルールを適用して事件を解決する司法権は裁判所に、同じくルールを適用して行うそれ以外の国家活動は行政機関に帰属させるようになっていったのです。近代の自由主義国家では、権力の作用を区別・分離し、その権限を異なる機関に帰属させて権力の濫用を防ごうとしたのです。こうして行政は近代国家が成立して以降、法の執行をする機関と位置づけられることになりました。三権分立のもとで、行政活動は、たとえ公共の福祉を実現するためであろうと、国家に緊急事態が起きたときであろうと、あくまで、議会が作った「法律の執行」という形をとらずに行われてはならないのです。それが三権分立の哲学なのです。法律と行政のこのような関係こそが、法律による行政の原理という行政法の基本原理なのです。

Ⅱ　形式的法治主義

このように、どんなときでも行政活動は法律に基づき、法律に従って行われなければならないのですが、その法律自体が人権を侵害するような法律だった場合はどうでしょうか。これは、形式的法治主義と実質的法治主義として憲法で勉強したことです。

形式的法治主義は、民主的な議会が作った法なのだから、中身に文句を言わずに守れ、という発想でした。戦前の日本やナチス時代のドイツでとられた考え方です。法内容の合理性は問われなかったのです。

第二次大戦後、ナチスの反省をふまえたドイツでは、法治主義が実質的法治主義として捉えられるようになりました。実質的法治主義の考え方によれば、法治主義にいう「法律」は合理的内容をもつ正しいものでなければならず、人権を侵害するような内容の法律に合理性はないと考えます。日本国憲法は、基本的人権を尊重し（憲法97条）、憲法が最高法規としての性質をもつことを確認し（憲法98条１項）、裁判所に違憲審査権を与え（憲法81条）、民主的な議会が定める法律といえども憲法に違反すれば無効であるとして、実質的法治主義、法の支配にのっとっています。

ただ、行政活動が法に基づき、法に従って行われなければならないという考え方自体は、形式的法治主義であろうと実質的法治主義であろうと、変わりはありません。形式的法治主義と実質的法治主義の違いは、法内容の合理性を問題にするかしないかという区別をしているだけであり、法治主義そのものの骨組み、つまり行政が法律に基づき、法律に従って行われなければならないという点は、明治憲法から日本国憲法にいたるまで、法律と行政との関係を規定するものとして変わりがないのです。

▶▶▶日本国憲法第97条
この憲法が日本国民に保障する基本的人権は、人類の多年にわたる自由獲得の努力の成果であって、これらの権利は、過去幾多の試錬に堪へ、現在及び将来の国民に対し、侵すことのできない永久の権利として信託されたものである。

▶▶▶日本国憲法第98条
この憲法は、国の最高法規であって、その条規に反する法律、命令、詔勅及び国務に関するその他の行為の全部又は一部は、その効力を有しない。
2　日本国が締結した条約及び確立された国際法規は、これを誠実に遵守することを必要とする。

▶▶▶日本国憲法第81条
最高裁判所は、一切の法律、命令、規則又は処分が憲法に適合するかしないかを決定する権限を有する終審裁判所である。

Ⅲ　法律による行政の原理の価値

法律による行政の原理は、自由主義と民主主義という２つの価値に支えられています。

どういう行政活動を行うべきかがあらかじめ法律で定められれば、行政が恣意的（きまぐれ）に活動するのを防ぐことができるので、国民の自由が保障されます。これが第１の価値です。

また、もし広く「法」によるというだけならば、神が作った戒律や儒教思想なども「法」といえますが、「法律」による行政の原理であることが重要です。「法律」とは、議会（国会）が作った法です。行政活動を議会が作った法に従わせれば、そこに民意が反映できます。こうして民主主義に基づく行政活動を実現するのが、法律による行政の原理の第２の価値です。

もっとも、行政法は、法律による行政の原理がともかく徹底されればよいと考えているわけではありません。憲法でも、個人の尊重を実現するために人権保障条項を定める一方で、個人の人権が社会の成員多数の利益と衝突する可能性があるときに一定の制約を受けることを認めています。「公共の福祉」による人権制約です。同様に、行政法でも、法律による行政の原理が一定の後退を求められる場面があります。行政活動を法律でがんじがらめに縛ってしまうと、現場の状況に応じて行政が柔軟に対応することができなくなることも少なくないからです。現代国家は福祉国家といわれます。ここでの行政活動は、市民のさまざまな行政需要に柔軟に応えていくことが期待されています。法によってコントロールされながらも、行政の円滑性、つまり、一定の範囲で国民の行政需要に柔軟に対応できるようにすることも必要なのです。憲法同様に行政法でも、このような「バランス感覚」が求められます。

第2章　法律による行政の原理の内容

I　法律の法規創造力

法律による行政の原理は、「法律の法規創造力」「法律の優位」「法律の留保」の3つの原則に分けられています。

法律による行政の原理の内容

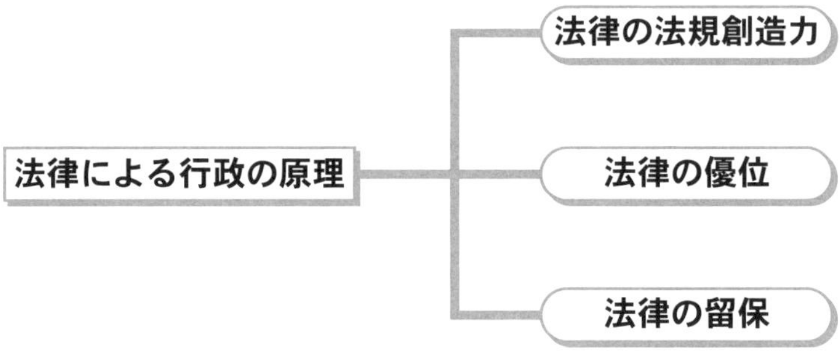

まず「法律の法規創造力」の原則から説明しましょう。

行政機関は、営業許可や税務相談などのように個々の国民を対象として行政活動を行うだけでなく、国民一般に向けて立法活動を行うこともあります。「行政立法」という行為形式です。ただ、そうして行政が法を作るときにも、「法規」を作ることはできません。「法規」とは、単なる法という意味ではなく、国民の権利を制限したり、義務を課すことを定めた法です。たとえば「国民は消費税を10%払え」という法は、義務を課すことを定めた法ですから「法規」です。ですからこれを国税庁の一存で作ることはできません。法規を作ることができるのは国会だけなのです。「法律の法規創造力」とは、文字どおり、「法規」を独自に作る力をもつのは法律だけだということです。つまり、国民に義務を課すような、自由主義からみて大事なことは、国民が直接選挙で選んだ国会で民主的に決めるべきで、行政が独自に決めてはダメだというのが、この原則の趣旨です。

また、たとえばテロ対策として法務大臣が「重大犯罪を企てるために共謀した者は懲役10年に処する」という行政立法を作ることもできません。それは国民の自由を制限する法だから、国会の法律でしか決めることができないのです。

Ⅱ　法律の優位

「法律の優位」の原則とは、行政活動は法律の規定に違反してはならないという原則です。カルテル（価格協定）を結ぶことは独占禁止法で禁止されていますが、それなのに、不況対策として有効だからと通産省（現、経済産業省）が闇カルテルを結ぶように行政指導をすることは法律に違反する行政活動となります。

国会は直接選挙で選ばれた人によって構成されているからこそ、立法権を独占して行使し、そうしてできた法律を行政機関に執行させるのですから、法律は行政に実質的に優位に立つというわけです。

Ⅲ　法律の留保

❶法律の留保とは？

「法律の留保」原則とは、行政活動を行うのに法律の根拠が必要だという原則です。「法律の根拠」とは、たとえば「10億円の所得がある法人には3億円を課税できる」とか、「違法建築物の建築主には建物の取り壊しを命じること（「建築除却命令」）ができる」という、行政に一定の権限を与える法律の規定です。「根拠規範」、「授権規範」、「根拠法」とよんだりもします。

なぜ、法律の留保原則が必要なのでしょうか？

先ほど、法律の優位原則を説明しました。行政は、法律が存在するときにそれに違反できないという原則です。しかしこれだけだと、法律が存在しなければ行政は何をやってもよいことにもなりかねず、法律によるコントロールは不十分になります。そこで、「こういうときはいくらの税金を払えと命じてよい」、「こういう場合は建物を壊せと命じてよい」というように、どういう場合にどういう権限があるかを定め、それがなければ行政活動ができないことにするのが、法律の留保原則です。

具体例をもう少し詳しく見ます。

警察官は拳銃、警棒、催涙スプレーなどの武器をもっています。警察官が逮捕をするときなどには、犯人の抵抗を抑えたり、自分の身を守るために武器を使う必要が生じます。これも行政活動です。武器の使用は、国民の身体に害を与えるものです。ご自由にどうぞというわけにはいきません。武器使用のための法律の根拠が、警察官職務執行法（警職法）７条です。

▶▶▶警察官職務執行法第7条（武器の使用）

警察官は、犯人の逮捕若しくは逃走の防止、自己若しくは他人に対する防護又は公務執行に対する抵抗の抑止のため必要であると認める相当な理由のある場合①においては、その事態に応じ合理的に必要と判断される限度②において、武器を使用することができる。
但し、刑法（明治40年法律第45号）第36条（正当防衛）若しくは同法第37条（緊急避難）に該当する場合又は左の各号の一に該当する場合を除いては、人に危害を与えてはならない。

一　死刑又は無期若しくは長期３年以上の懲役若しくは禁こにあたる兇悪な罪を現に犯し、若しくは既に犯したと疑うに足りる充分な理由のある者がその者に対する警察官の職務の執行に対して抵抗し、若しくは逃亡しようとするとき又は第三者がその者を逃がそうとして警察官に抵抗するとき、これを防ぎ、又は逮捕するために他の手段がないと警察官において信ずるに足りる相当な理由のある場合。

二　逮捕状により逮捕する際又は勾引状若しくは勾留状を執行する際その本人がその者に対する警察官の職務の執行に対して抵抗し、若しくは逃亡しようとするとき又は第三者がその者を逃がそうとして警察官に抵抗するとき、これを防ぎ、又は逮捕するために他に手段がないと警察官において信ずるに足りる相当な理由のある場合。

つまり警察官が武器を使えるのは、「何となく怪しい」というだけではなく、「必要であると認める相当な理由のある場合」でなければなりません（警察法７条の下線部①)。しかも、使える武器の威力は「合理的に必要とされる限度」にかぎるとありますから（同下線部②)、殺傷力のある拳銃を最初から使えるわけではありませんし、使用するにしても、最初の一発は威嚇発砲をするような使い方が求められることになります。そういう使い方をするかぎりにおいて、法律は警察官に武器を使う権限を与えているのです。

このように、法律の留保原則は、どういう場合に、どういう権限が行政に与えられ、何ができるかを法律でガッチリとコントロールする役割を果たす原則です。

❷明治憲法下の「法律の留保」との違い

ちなみに、憲法でも「法律の留保」という言葉がでてきました。「明治憲法のもとでは臣民の権利が保障されていたものの、法律の留保が伴っていたため、法律でどのようにでも制限することができた……」という具合です。そこでは、法律で定めれば人権を制限できるという制度を「法律の留保」とよんでいました。法律による行政の原理でも同じ言葉が使われていますが、意味が違います。法律による行政原理では、法律が行政の権限を留保するという意味で使われます。やってよい行政活動を法律で決めておく仕組みなのです。これに対して明治憲法下の「法律の留保」は、法律が人権を留保するという意味で使われます。保障される人権の内容を法律で決めておける仕組みです。要するに、前者は、行政に縛りをかける仕組み、後者は人権に縛りをかける仕組みなのです。

❸法律の留保原則の妥当範囲

ただ、法律の留保という考え方を突き詰めていくと、法律に「やってよい」と書かれていること以外、行政は何もできないことになります。たとえば、在宅介護サービスは、介護保険法が定められる以前にも行われていましたが、「在宅介護サービスを行うことができる」という法律があったわけではありませんでした。また、子ども手当てを交付するときに「申請書が用意されている場所を教えることができる」という根拠規範は特に定められていません。しかしだからといって、在宅介護サービスは違法だとか、「申請書はどこにありますか？」と尋ねられた役所の窓口担当者が「教えません」と答えるわけにはいかないでしょう。

つまり、すべての行政活動に法律の留保原則を求めていくと、かえって福祉国家下における国民の行政需要に応えることができなくなってしまうこともあるのです。法律でがんじがらめに縛ってしまえばすべてがうまくいく、というわけではありません。

そこで現在では、法律の留保原則をすべての行政活動に及ぼす（全部留保説）のではなく、その適用範囲を限定する立場が主流になっています。深刻な人権侵害をもたらすのは、国民の権利を制限したり、義務を課す（自由と財産を侵害する）行政活動です。このような行政活動に法律の根拠を求めるべきことに争いはありません。学説では、それに＋αして、法律の根拠を求める範囲をどこまで拡大するかについて争われています。

法律の留保原則の妥当範囲

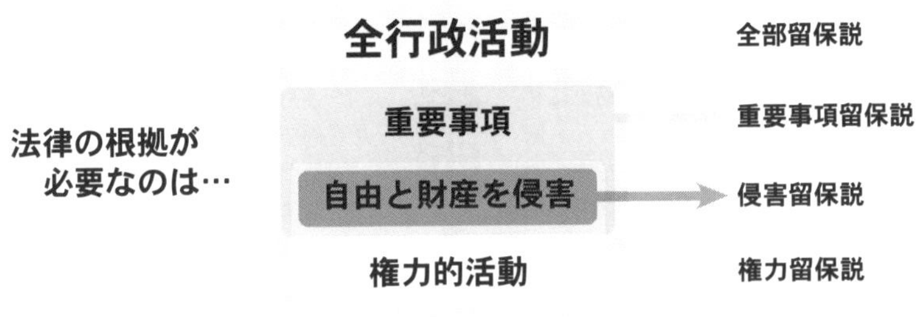

従来までの立法者や行政当局は、侵害留保説に立っていました。自由と財産を侵害する行政活動にのみ根拠規範が必要だという立場で、いわば、＋αする範囲はない、と考えます。

これに対して、すべての行政活動に法律の根拠を求めるべきとする全部留保説をはじめ、権力留保説、社会留保説など、さまざまな学説が主張されています。もっとも有力なのは、重要事項留保説という立場です。自由や財産を侵害する場合以外にも、たとえば、制裁的に氏名を公表したり、国民の将来を規定するような国土計画などは、法律の根拠を求めるべき重要な事項といえます。なぜならそのような事項は、野党の存在により多元的な見解を統合でき、その審議過程が国民に公開される国会によって、審議・判断されるにふさわしい事項だからです。

どの立場が妥当かは、本格的に勉強を始めたときに考えればよいでしょうが、ここでは、最低限、国民の権利を制限したり、義務を課したりするような行政活動には法律の根拠が必要だということを押さえておいてください。

放置車両・放置自転車

道路工事などをするときに道路に車両が放置されているために邪魔になることがあります。駐車禁止区域ならば、違法駐車としてレッカー移動もできますが、そうでなければ、簡単に移動するわけにはいきません。勝手な移動は自動車の持ち主の財産権制約とも言えるからです。とすると、法律の留保原則からは、放置車両を移動するにも法律の根拠が必要ということになります。

しかし、それでは道路工事に支障をきたします。そこで道路法67条の2は、道路工事をするのに邪魔な車両は50メートル以内の場所に移動することができること（同1項）、工事が終わったら元の場所に戻しておくこと（同5項）を定めています。

道路法の仕組みはひとつの解決策ではあります。しかし、財産権を過剰に保護するものではないでしょうか。工事の間の保管費用や、工事後にそれを元に戻すのにかかる費用のほうが車両価格よりも高くつくこともあるでしょう。放置していた持ち主も責められるべきです。むしろ、長期間放置されている自動車は、公売した上で、経費を引いた残りを持ち主に返すほうが合理的です。

同じ問題は、放置自転車にもあてはまりますが、こちらのほうは自転車法（自転車の安全利用の促進及び自転車等の駐車対策の総合的推進に関する法律）6条で保管後に相当期間を経れば公売できるとしています。

自動車と自転車は、現状では法的な扱いが違うわけです。自転車に比べて自動車はホイールを換えたり、ペイントをしたり、車高を下げたりして、主観的な思い入れをもつ人もいて、車いじりが好きだった私にはその気持ちもわかります。しかし、そんなに大事な車ならば道路に放っておくべきではなく、やはり自転車と同じように扱うほうが合理的であるように思います。

第3章 行政過程 ——行政作用法

I　行政の行為形式

法律による行政の原理によってコントロールされる行政活動にはどのようなものがあるでしょうか。

行政活動は、国民の権利利益にどのようにはたらきかけるかということに応じて、いくつかの形式に分類されています。これを「行政の行為形式」といいます。どのようにコントロールされるかは、行為形式ごとに違います。各行為形式の定義（言葉の意味）と、コントロール方法に注意して学んでください。

❶法を作る行政活動

法を作る行政活動を行政立法といいます。たとえば、憲法の猿払事件（最大判昭和49年11月６日）で扱われたのでご存知と思いますが、国家公務員に禁止される政治的行為が何かを定めた人事院規則14-7は、人事院が作る法ですから行政立法です。国公立図書館の使用規則や公立学校の校則などは営造物規則とよばれ、これも行政立法です。役所で窓口対応をする際に「対応マニュアル」を作っておくこともありますが、これも行政立法です。

行政立法は、特定の誰かに対して行われる行政行為や行政指導などとは違って、相手を特定して作られるものではありません。「国家公務員に禁止される政治的行為はこれこれだ」という法は、特定の国家公務員に対して作られるわけではなく、国家公務員一般に適用されるものとして作られるのです。行政立法のこのような特徴を一般的行為といいます。

また、行政立法は、「政治的目的で署名活動を企画すれば政治的行為にあたる」（人事院規則14-7 6 九）と定めるものであり、誰かが行った具体的な署名活動を問題にしているわけではありません。行政立法のこのような特徴を抽象的行為といいます。

要するに、行政立法は、一般的・抽象的行為であり、この点で他の行政の行為形式と区別されるのです。

行政立法は、どのようにコントロールされるでしょうか。まず、法律の優位原則から、法律に違反する行政立法をしてはなりません。次に、法律の法規創造力の原則から、「法規」を定めるものには法律の根拠が必要ですが、それ以外ならば不要です。前者を「法規命令」、後者を「行政規則」といいます。「法規」の意味はすでに説明したとおり、権利を制限し、また義務を課す法です。「命令」とは、ここでは行政機関が作る法という意味です。「指示する」という日常的な意味の「命令」ではありません。法規命令の例として、先に紹介した、国家公務員の政治的自由を制限する人事院規則14-7があげられます。後者の「行政規則」とは、国民の権利義務に直接関係しない行政の内部規則です。たとえば、先に紹介した営造物規則や窓口対応マニュアルは行政規則です。また、法解釈の指針や行政指導の指針を示した内部マニュアルも行政規則です。この解釈指針や指導指針は「通達」ともよばれます。これらは、「法規」を定めるものではないので法律の根拠は必要ありません。

以上の実体的規制のほか、行政手続法は事前の手続的規制として、行政立法を定める際に意見公募手続を求めます（行政手続法39条１項）。行政手続法では、「行政立法」ではなく、「命令等」という言葉が使われます。「命令等」とは、法律に基づく命令または規則、審査基準、処分基準、行政指導指針をさします。これらの行政立法を定める際に、事前に、その案や関連資料を国民に公示し、意見や情報を集め、それを考慮し、その結果を公示する手続が求められます。

行政規則の外部化

通達は「行政規則」であり、「法規」ではありません。国民の権利義務に直接関係するものではないからです。

それでは、通達は私たち国民にとっては無縁のものであり、“どうでもいいもの”なのでしょうか？

実を言うと、全然そんなことはありません。むしろ、通達は国民に実際上非常に大きな影響を与えているのです。

通達は、行政組織内部での法解釈の統一や裁量権の適切な行使のための指針です。つまり、実際の行政活動は基本的に通達に従って行われているわけです。

後に学ぶように、通達は行政の内部行為にすぎず、一般の国民を直接拘束するものではないことから、取消訴訟の直接の対象にはなりません。

しかし、不当な内容の通達に従って行政処分がなされたときや、通達があるにもかかわらずそれを無視した結果不合理な行政処分がなされたときには、当該行政処分の違法性を、通達を根拠にして争うことができる場合があります。近年は、実際にそのような形で通達の内容の当否が争われるケースが増えており、このような現象は「行政規則の外部化」と呼ばれています。

実務上は、問題となる行政処分について根拠となる法律はもちろん、関係する規則や施行令などの命令のほかに、可能な限りの通達を調べることが重要です。近時は特定の行政分野ごとに「ガイドライン」や「指針」などが出されていることも多いですが、これらも行政規則の一種といえるでしょう。

根拠法令だけでなく、関連する通達やガイドラインを駆使して行政処分の効力を争うこともめずらしくはないですが、まさにこれは「行政規則の外部化」であるといえるでしょう。

❷特定の人に命令をする行政活動

行政行為は、「個別・具体的」で、「法的効果」のある、「権力的（一方的）」な行為です。

公衆浴場業の営業許可処分や法人税の課税処分が典型例です。

第１に、行政行為は、個別・具体的な行為です。つまり、公衆浴場業の申請をしてきた人のような特定人に、個別に発動されるものですし、また、申請者の浴場施設という具体的事実に法をあてはめて行われるものなので、個別・具体的な行為といわれます。この点で、行政立法と区別されます。

第２に、行政行為は法的効果を生じさせる行為です。法的効果とは、国民の権利義務が変動することです。税務署から「500万円の法人税を払え」と命じられれば、その法人には国に500万円の法人税を払う法的義務が発生します。営業許可を得た人は、その場所で公衆浴場業を始める権利を回復します。それが法的効果の意味です。この点で、後述の行政指導や権力的事実行為と区別されます。

第３に、行政行為は権力的（一方的）な行為です。「権力的」とは、国民に有無を言わせないで一方的に行うという意味です。税金を払わせるのに話合いはしません。いやだと言わせずに「払え」というわけです。営業許可をするのにも申請者と相談はしません。申請内容が法に合っていれば行政の一存で許可処分が発動されるのです。この点で、行政契約や行政指導と区別されます。

法律の留保原則からすれば、行政行為は、一方的に国民の権利を制限したり、義務を課したりするものですから、法律の根拠が必要です。

以上の実体的規制のほか、行政手続法は申請に対する処分と不利益処分について、事前の手続的規制を加えています。申請に対する処分は、たとえば許可処分のように、手続が申請によって始まる処分です。審査基準の設定・公表義務などが課せられています（行政手続法５～11条）。不利益処分は、たとえば運転免許取消処分のように、不利益を加える処分です。処分前に聴聞手続を経ることなどの規制が加えられています（行政手続法12 ～ 31条）。

❸命令に従わないときに、強制したり、罰を与える行政活動

行政行為によって命じられた義務を強制的に実現する活動は行政上の強制執行といわれます。たとえば、課税処分として「500万円払え」と命じたのにその人が納期まで払わなかったとします。そのときに、最終的にはその人がもっている財産を差し押さえてお金に換え、租税債務にあてることができるのです。これも、強制的に有無を言わさずに行う権力的な行政活動ですから、法律の根拠が必要です。たとえば、租税債務を強制的に集める強制徴収では国税徴収法が、また、行政が代わって義務を履行する行政代執行では行政代執行法が、各々、法律の根拠となっています。行政がみずから、義務内容を実現するために強制力を使うことを「行政的執行」とよび、戦前にそれが濫用されたこと、それを反省し、行政的執行が不十分にしか認められていないこと、その結果、強制執行できない行政上の義務があることは、前に触れました（第1編第5章Ⅳ）。

ちなみに、これは権力的行為である点で行政行為と共通します。しかし、行政行為が法的行為であるのに対して、行政強制は事実行為である点が違います。事実行為とは、権利義務が変動しない行為です。行政強制は、法的義務を実現するだけのものにすぎず、行政行為のように新たに義務を課すものではないので、事実行為とよばれます。

行政上の義務を守らないときに罰を加えるのが行政罰です。懲役や罰金などの刑罰や、「過料」といって、少額の金銭を支払わせるようなものもあります。行政罰も、権力的に罰を加えるものですから法律の留保原則から法律の根拠が必要です。

営業自粛要請の法的性質

2012（平成24）年に制定された新型インフルエンザ等対策特別措置法（措置法）45条１項は、特定都道府県知事は住民に対し感染の防止に必要な協力を要請することができると規定しており、新型コロナウイルスの流行の際には、感染防止のため事業者に対して営業自粛要請がなされました。この１項の協力要請の法的性質は何でしょうか？

結論から言えば、行政指導の一種と言えると思われます。協力要請に従わなかったことを理由として直ちに罰則が課されるわけではなく、国民の権利を侵害し、義務を課すものではないからです。協力要請にとどまる限りは、国民の任意の協力を求める非権力的な行為である行政指導の一種と考えられます。

しかし、2020（令和２）年３月の改正で、この協力要請に正当な理由なく従わなかった場合に、「当該要請に係る措置を命ずることができる」旨が規定され（同条３項）、命令に違反した場合には、30万円以下の過料に処する旨の規定が新設されました（79条）。

「命令」を受けた国民は「命令」に従う法的義務を負い、命令に違反した場合は過料の制裁を受けますから、３項の命令は国民の権利を侵害し、義務を課す権力的行為です。

協力要請自体は行政指導の一種であっても、これに任意に従わない場合は次の段階として命令が発せられる可能性があり、命令が出されても従わない場合は過料の制裁が加えられることになります。

伝統的な行政法の考え方からすれば、国民の生命や健康を守る必要性があれば直ちに命令などの権力的行為でもって感染の危険性のある行為を禁止すべきとなりそうですが、まずは協力要請という非権力的行為を行い、段階的に命令という権力的行為に進むという手法であると考えることができるでしょう。

❹国民に協力を求める行政活動

自由意思にはたらきかけて行政目的を実現するのが行政指導です。たとえば、税務相談は、相手方となる国民に対して正しい税額や行ってほしい行動を知らせ、自由意思で適切な納税を行うように仕向ける行政指導です。自由意思にはたらきかけるものですから、いやだと言われればそれまで、という意味で、非権力的行為です。またそれによって、権利義務が変動するわけでもありませんから事実行為です。このように行政指導は、一方的に国民の権利を侵害したり、義務を課するものではありませんから、法律の根拠なしに行うことができます。

ただ、理論上はそう言えるのですが、行政は情報を独占しているので、行政指導を受けた人は、従うかどうかが自由だと言われても、それに従わざるをえません。その意味で実際にはそこに権力的な要素が含まれており、行政のフリーハンドに任せてよいのかと指摘されています。従来までは、法律の優位原則や法の一般原則（信義則、権利濫用禁止など）でしかコントロールできませんでしたが、1993（平成５）年に行政手続法が定められ、行政指導が手続的に規律されることになりました。たとえば、行政指導に従わないことを理由とした不利益な扱いは禁止されます（行政手続法32～36条）。

また、2014（平成26）年の行政手続法改正により、①国民が、法令違反行為をしている事業者を発見した場合、行政に対して行政指導など是正のための処分等を求めることができるようになった（行政手続法36条の３）ほか、②法律の要件に適合しない行政指導を受けた事業者が、行政指導の中止等を求めることができるようになりました（行政手続法36条の２）。

キーワード **法の一般原則**

明確な法律の規定がないときに、裁判所が、社会通念や正義、公正のルールに基づいて事件を解決することがある。このルールを法の一般原則という。たとえば、信義則や権利濫用禁止は、それぞれ民法1条2項、同3項で明記しているが、それは民法にとどまらず、法全部に共通するルールとして、行政上の法律関係でも適用されると考えられている。

❺契約を結ぶ行政活動

行政が契約を結んで行う行政活動を行政契約といいます。行政主体間で結ばれることも、行政と私人との間で結ばれることもありますが、契約なので、いずれも対等の立場で締結されます。役所の建物を建てるために建設業者と請負契約を結ぶとか、筆記用具やコピー用紙などを調達するために業者と売買契約を結ぶのがその例です。

基本的には民法上の契約が成立するのと同じ要件、つまり「売ってくれ」という申込みの意思表示に対応する「売りましょう」という承諾の意思表示の合致によって成立します。業者が「いえ、役所には売りません」とも言えるわけですから、行政契約は非権力的行為です。したがって、法律の根拠なしに行うことができる行政活動です。法律の優位原則や法の一般原則による規律が及ぶことは行政指導と同様です。

ただ、行政契約は、行政活動として、公益を実現するために締結されるものですから、公益的な規制が必要になる場合もあります。

たとえば、普通財産の貸付契約では、貸付期間中に公のために使う必要が生じたときには途中解除が認められ（国有財産法24条１項）、その際に損失補償も認められます（同条２項）。

▶▶▶国有財産法第24条（貸付契約の解除）

普通財産を貸し付けた場合において、その貸付期間中に国又は公共団体において公共用、公用又は国の企業若しくは公益事業の用に供するため必要を生じたときは、当該財産を所管する各省各庁の長は、その契約を解除することができる。

2　前項の規定により契約を解除した場合においては、借受人は、これによって生じた損失につき当該財産を所管する各省各庁の長に対し、その補償を求めることができる。

キーワード **普通財産**

国有財産には、官庁の建物や事務用品など、行政上の目的のために所有する「行政財産」と、それ以外の「普通財産」があります。たとえば、相続税を現金で払うことができない人から家屋や土地を取得することがあります（租税物納といいます）。そのような土地や家屋を普通財産といいます。普通財産である土地を駐車場として私人に貸し付けてい

❻情報収集する行政活動

行政が何かの活動を行うには情報が必要です。たとえば「税金を500万円払え」という課税処分をするときにも、どれだけの所得があり、控除すべき事情に何があるかを知らないと、請求する税額は決まりません。行政が何かを決定するための前提として行う調査活動を行政調査といいます。

行政調査には、「任意調査」と「強制調査」があります。任意調査とは、私人の自由意思に基づく協力を仰いで行う調査です。たとえば、税務署の職員が納税者から聞き取り調査をするなどして情報集めをすることです。私人の自由意思に基づいて行う活動ですから、法律の根拠は不要です。

これに対して強制調査は強制力を背景にして行われる調査です。たとえば、私人が調査に応じないときに罰金を科すことを通じて間接的に調査に応じるように仕向けたり、さらに、私人が抵抗したときに直接に実力を使ってそれを排除しながら調査を行うこともあります。前者を「間接強制調査」、後者を「直接強制調査」といいます。法律の留保原則のどの立場によっても、これらの調査には法律の根拠が必要です。さらに、強制力を伴うことから、比例原則（法の一般原則）が厳格に適用され、強制力行使が本当に必要最小限度のものなのかを慎重に判断する必要があります。直接強制調査は、状況が逮捕や捜索などの強制捜査と似ているので、裁判所が発する令状が必要かどうかも問題になります。憲法の人身の自由で勉強した川崎民商事件（最大判昭和47年11月22日）は、税務職員が行った質問・検査に刑事手続上の人権保障が及ぶかどうかが問題になりました。その質問・検査は、ここでいう間接強制調査にあたります。

❼行政活動の計画を立てる行政活動

行政計画は、行政がある目標を掲げ、それを実現するいろいろな手段をまとめた計画を作る行政活動です。たとえば、街づくりのための行政計画

たところ、被災住民にプレハブ家屋を提供する必要が生じたときには、契約を解除してすぐに返すように言えるのです。これなどは、賃貸借に関する民法の規定には認められていないものです。

に都市計画があります。どこにどんな建物を建てるのも自由にしておくと、住宅地に有害物質やばい煙を出す工場ができたり、商用のビルが建ったりして、悪臭、騒音、交通量の増加、日照などさまざまな問題が起きます。そこで、「この地域に建てられるのは住居のみで高さは３階建てまで」とか、「この地域は商業施設でもOK、建ぺい率、容積率はこれこれ」とか、「ここは市街化調整区域なので建物を建てることはできない」という規制が必要です。都市計画法という法律では、そのような規制を都市計画という行政計画で決定することにしています。そこでは、健全で秩序ある街づくりというような目標が掲げられ、それを実現するためにその地域に建てることができる建物の種類や高さなどを「用途地域」として指定するなど、目標達成の手段が定められます。それが行政計画の例です。行政計画の定義のポイントは、「目標の設定」、「手段の総合性」です。

さて、この行政計画は、行政行為や行政契約などと違ってさまざまな種類のものを含んでいます。国民を拘束する拘束的計画か、それとも誘導的な指針的計画か、また、基本計画か実施計画か等々です。ですから、法律の根拠が必要かどうか、裁判で争うことができるかなどを「行政計画」という概念から機械的に判断することはできません。行政計画ごとに個別に見ていく必要があるのです。

先の都市計画は、用途地域が指定された土地の所有者に対して、建てることができる建築物を制限する、言い換えれば財産権を制限する効果をもちます。このように国民の権利、利益を法的に拘束する行政計画を拘束的計画といいます。しかもそれは、都道府県などの行政が決定という一方的な形で行います（都市計画法18条１項）。ですから、法律の留保原則に照らして、拘束的計画には法律の根拠が必要です。都市計画では都市計画法が法律の根拠にあたります。このように法律に基づいて立てられる計画を法定計画といいます。

キーワード **比例原則**

法の一般原則のひとつで、目的と手段の均衡を要求する法原則。目的を達成するためならばどんなに犠牲を出してもかまわないとすると、国民の権利利益を損なうので、必要最小限度の手段を選ぶことが求められる。憲法のLRAの原則と同じ趣旨。

行政計画は、多くの人の権利利益に影響を与えるので、さまざまな民主的コントロールが加えられることが多いです。

(1) 事前手続

行政計画には、計画が決定される前に手続的なコントロールが行われることが少なくありません。計画を作る事前手続として、住民の意見を聞くことが求められたりします。都市計画決定でも、事前に公聴会を開き、土地の住民や利害関係人を参加させなければなりません（都市計画法16条1項)。審議会による意見聴取、計画原案の公表と意見書の募集などのような参加民主主義的な手続的統制によって行政計画をコントロールしている例は、他にも河川法（16条の2)、森林法（4条など）に見られます。

ただ、このような事前手続が行政手続法で一般的に規定されているわけではありません。この点で行政立法とは異なります。

(2) 法律の根拠

従来の法律の留保論によれば、国民の自由と財産を制限する行政活動にのみ法律の根拠を求める侵害留保論という立場が主流でした。この立場によっても、拘束的計画に法律の根拠が必要となることは、先に触れたとおりです。

しかし、国民の権利利益を法的に拘束しない指針的な行政計画（非拘束的計画）であっても、たとえば国土計画のように、将来にわたるわが国のビジョンを国家的規模で規定するものは、各種政策の指針として事実上、大きな影響をもちます。そのような計画を、個人の権利とは関係がないから行政の一存で決めることができるというのは、民主主義の点からは問題です。そのような計画は「重要事項」ですから、＋αとして（本編第2章Ⅲ❷）法律の根拠を求めるべきでしょう。

❽行政過程という言葉

以上の行政活動は、それぞれが単発で使われることもありますが、ひとつの行政目的を実現するために役割を分担して使われることも少なくありません。たとえば、ある行政目標を実現するために、立退き義務は行政行為で課するが、行政行為を発動する前に行政指導で自発的に動いてもらうように説得する、自発的な立退きには、行政契約を結んで土地の代金を補償する、義務を果たさないときには強制執行する、以上のことを行政計画であらかじめ定めておく……などのように、いろいろな行為形式が時系列的に組み合わされて使われることが多いのです。このように、行政の行為形式を単発で見るのではなく、行政目的を実現する一連の過程で捉えていく見方のことを、行政過程論ということがあります。行政作用法で扱うのは、行政の行為形式が中心になりますが、現実の行政ではそれぞれが一連の過程で用いられるので、そこに着目することも重要なのです。

Ⅱ　行政行為の効力

行政の行為形式にはさまざまなものがありますが、従来からもっとも重要と考えられてきたのが行政行為です。行政行為は権力的に行われるだけでなく、ほかの行為形式には見られない特殊な効力をもち、それが国民の権利利益と緊張関係に立つからです。公定力、不可争力、自力執行力などがそれです。

❶公定力

(1) 意義

行政行為は、仮に違法でも、取り消されないかぎり、有効と扱われます。これを公定力といいます。

たとえば、「500万円の税金を払え」という課税処分に計算間違いがあったとします。税額がいくらかは法律で定められていますから、計算違いがある以上は、違法な行政行為です。もし、税務署長が間違いを認めて取り消すとか、課税処分を受けた人が裁判所で争って取消判決を勝ち取ったならば別ですが、そうでないかぎり、この課税処分は、計算間違いでも有効と扱われます。これが公定力です。処分を受けた人が「どうせ間違っているから無視しよう」と放置していると、後述の自力執行力によって、行政上の強制執行を受け、めぼしい財産が差し押さえられてしまいます。

民事上の義務と比べると、その特殊さがよくわかります。AさんがBさんに「貸した500万円を返せ」と言ってきたとします。これだけではBさんに500万円の債務が有効に存在することにはなりません。「言いがかりはよせ」と放っておいても何も起きません。500万円の債務が有効に存在すると扱われるようになるのは、Aさんが民事裁判で勝ったときです。

ところが、行政行為だと、一方当事者の行政が「払え」と言っただけで、義務が有効に存在すると扱われるのです。裁判で勝たなくとも、「行政が言うことだから聞け」という手厚い保護が与えられているのです。

なぜ、このような効力が認められるのでしょうか。古い学説では、行政行為は国家権威の表明であり、国家は間違ったことをしないのが普通だから、と説明されたこともありました。しかし、行政だから正しいという論理必然性はありません。役人がやったことだから正しいなどということは権威主義にもほどがあり、国民主権にはなじみません。そこで最近では、取消訴訟の排他的管轄を根拠に公定力が説明されるようになっています。どうすれば行政行為を取り消すことができるかについては、行政事件訴訟法という法律で定められています。立法者がそうやって取消しを行う裁判の方法を定めたということは、国民が行政行為に何か不満があるときには、この裁判を利用してほしいと考えたからでしょう。ですから、裁判を利用する以外の方法でその効力を争うことは原則として認めないのが法の趣旨というわけです。実質的に言っても、私人が自前の法律論をもちだして「この処分は間違ってる」とか、「税金は払わない」ということを広く認めると行政が円滑に進まなくなるでしょう。国民主権のもとでも行政法秩序を安定させるためには、公定力を認めざるをえないのです。行政法秩序の維持と取消訴訟の排他的管轄が公定力の根拠と言えます。

(2) 限界１——無効の行政行為

公定力は、どんな行政行為にも生じるというわけではありません。それは行政の便宜を図るためのものですから、行政に便宜を図ることが不公平になったり、便宜を考える必要のない場面では、それを認める必要はないのです。その例をここでは２つ紹介します。

第１は、あまりにひどい違法があることが通常人から見て明らかなときは、公定力は生じません。

公定力は私人よりも行政の便宜を優先する仕組みです。ですから、行政がひどい違法行為をしている場合にまで、私人を犠牲にして便宜を図るのは公平ではありません。しかも、その違法が通常人の目から見て明らかならば、行政行為を有効と信頼する人もいませんから、無効と扱っても不利益を受ける人はいません。行政行為にひどい違法があることが通常人から見て明らかであることを、「重大かつ明白な違法（瑕疵）」といい、その場合には公定力をはじめとする行政行為の効力は生じません。

たとえば、税務署長ＹはＸさんに対して、土地建物を売った所得があると考えて課税処分を行いましたが、実はＡが勝手に書類を偽造し、Ａの土地建物を無断でＸ名義にした上でＢに売っていたとします。これは最高裁昭和48年４月26日判決の事案を単純化したものです。

Ｘさんに所得はありませんから、この課税処分は違法です。しかも、まったく所得がないのに課税処分をしてきたのですから違法は重大です。で

最高裁昭和48年4月26日判決

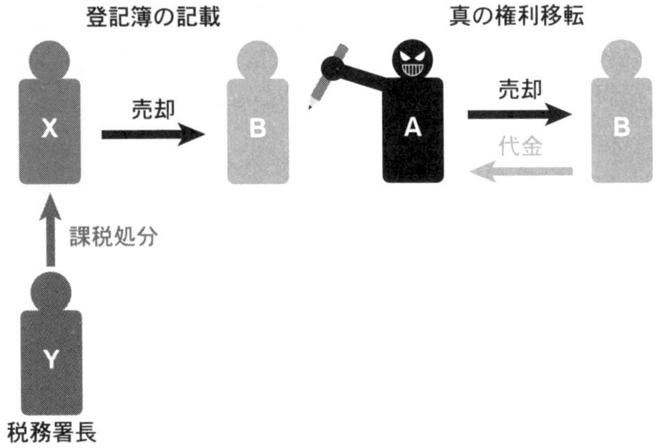

は、違法は明白でしょうか。明白性とは、判例によれば、外形上、客観的に明白であることとされています（最判昭和36年３月７日）。この事件ではＡが偽造した書類をもとに処分が行われています。偽造したものかどうかは調べてみないとわかりませんから、違法が外形上、客観的に明白だとは言えません。とすると、この事案では明白性の要件が満たされずに行政行為は無効だとは言えないとも思われます。しかし最高裁はそうは判断しませんでした。課税処分が税務署と被課税者との間にのみ存在し、処分の存在を信頼する第三者の保護を考慮する必要がないこと、および被課税者に不利益を甘受させることが著しく不当と認められるような例外的事情がある場合には、明白性を問題にしないと判示しています（最判昭和48年４月26日）。利害関係をもつ第三者の保護や、行政の安定性に配慮する必要があるときだけ明白性を求めるこの立場は、明白性補充要件説といわれています。

(3) 限界2――国家賠償との関係

違法な行政行為によって損害を受けた国民は、国家賠償によって行政から金銭救済を受けることができます。では国家賠償を請求する前に、取消訴訟で行政行為をあらかじめ取り消しておく必要があるのでしょうか(115頁の図参照)。

国家賠償は「違法」な行政活動に金銭的救済を与える制度です。もし公定力が行政行為を「適法」と扱う効力ならば、取り消して、適法扱いを排除しておかないと国家賠償請求もできないと考えることにもなります。

しかし現在では、行政行為を取り消しておかなくても、ストレートに国家賠償を請求することができると考えられています。このことを「公定力は国家賠償には及ばない」といいます。公定力は行政行為を「有効」と扱う仕組みであって、「適法」と扱うものではないからです。いくら行政上の秩序を守る必要があるからといって、「違法であっても適法と扱う」というのはいきすぎでしょう。違法かどうかわからないけれども、法秩序を守るために一応有効と扱うのが公定力なのです。

❷不可争力

違法な行政行為は取り消すことができますが、この取消しを求める裁判は一定の期間内に起こさなければなりません。この期間制限を不可争力といいます。

▶▶▶行政事件訴訟法第14条（出訴期間）
取消訴訟は、処分又は裁決があつたことを知つた日から６箇月を経過したときは、提起することができない。ただし、正当な理由があるときは、この限りでない。

国賠との関係

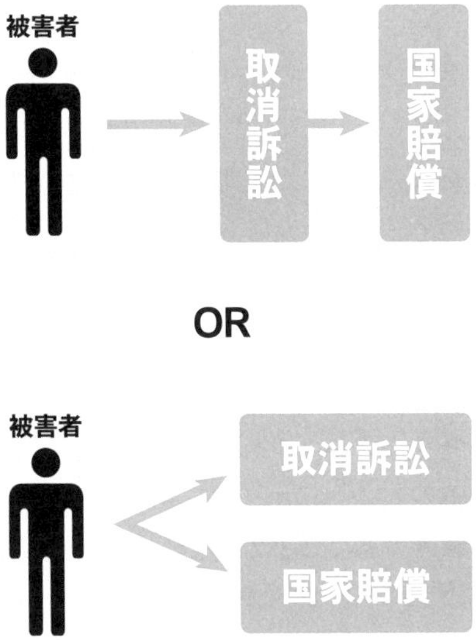

違法な行政行為によって被害を受けた人にとっては、いつまでも裁判を起こすことができたほうが有利ですが、他方の行政側からみれば、いつまでも取り消される可能性が残っていると、不安定な立場におかれます。そこで、取消訴訟を起こすことができる期間（出訴期間）を原則として6か月に制限するのが行政事件訴訟法14条1項です。この期間が過ぎてしまえば、行政行為は有効と確定し、裁判で争えなくなります。これが「不可争力」です。これも結局は行政の便宜を図る効力です。したがって、無効な行政行為には生じませんし、また、便宜を受ける行政側がみずからの判断で取り消すことは、期間経過後でも原則として自由にできます。このような取消しを、職権取消しといいます。

❸自力執行力

行政行為として命じた義務について、裁判所の力を借りずに、行政みずからが実現できるという効力を、**自力執行力**といいます。

たとえば、建築基準法は、防災や日照、プライバシーなどを守るために建築物に規制を加えていますが、違法に建築物を建てれば、行政は建築除却命令という行政行為によって「建物を壊せ」と命令できます（建築基準法9条)。さらに、命令に従わなければ、行政みずからその建物を取り壊せるのです。**行政代執行**という行政活動です。租税を納めない人の財産を差し押さえる**強制徴収**も、司法の力を借りずに行政みずからが行えるものです。

民事の場合と比べてみましょう。民事上の債務があるからといって、債権者が直接に債務者のところに出向いていって財産を持ち帰ってくることはできません。権利者であることが確定しても、裁判所の力を借りてそうするよりほかないのです。ところが、行政行為として命じた義務内容を実現するためならば、一方当事者にすぎない行政が、司法の力を借りずにみずから強制的に実現できるのです。このことを「行政行為には自力執行力

強制徴収のイメージ

税金を払わないときに、役所はどういう手を打ってくるでしょうか。

期限までに税金を納付できなければ、税務署から督促状が送られてきます。それでも納付しなければ税務署は催告書を送りつけた上で、自宅や職場に電話をしたり、直接訪問して催告を行います。それでも納付がなければ税務署は財産調査を行い、税金を払うだけの財産が本当にないのかを調べます。そして最終的にはその人の財産を差し押さえて換価（財産を売って金に換えること）し、配当する（納付金にあてる）ことになります。このような手続を「滞納処分」といいます。

がある」といいます。そうしたほうが、いちいち裁判所の力を借りなくても義務内容を実現することができる点で、行政目的を迅速に実現することができるわけで、これも行政の便宜を図るための効力です。

注意が必要なのは、自力執行力が認められるためには、行政行為の根拠法とは別個に、自力執行を認める根拠法が必要だということです。自力執行には義務を課すのとはまた別に、新たに自由と財産を侵害するおそれがあるからです。建築除却命令の根拠法は建築基準法９条ですが、行政代執行を行う根拠は別に必要で、それを定めているのが行政代執行法です。

Ⅲ　行政裁量

行政を法律でがんじがらめに縛ってしまえばすべてがうまくいくとはかぎらないことは先にも触れました。行政が円滑に行われるためには、行政活動が身動きできるようにしておくことも必要なのです。

このような、法律による行政の原理の例外として、法律の留保原則の妥当範囲の問題がありました。自由と財産を侵害する行政活動＋αに法律の根拠を求めるという考え方です。

行政裁量も法律による行政の原理の重要な例外です。行政裁量とは、法律が行政に自由な判断をする余地を認めていることです。

❶羈《き》束《そく》行為と裁量行為

たとえば、中古品の販売をするときには、古物営業法で公安委員会の許可を受ける必要があります。もし、許可申請をした人が、過去に禁錮以上の刑を受けていたり、刑の執行が終わってから５年経っていないときには、公安委員会は許可を与えることができない、と法律で定められています（古物営業法４条２号）。そういう事情があるときに、公安委員会は許可に関して自由な判断をする余地はありません。機械的に不許可処分を出さな

羈束行為と裁量行為

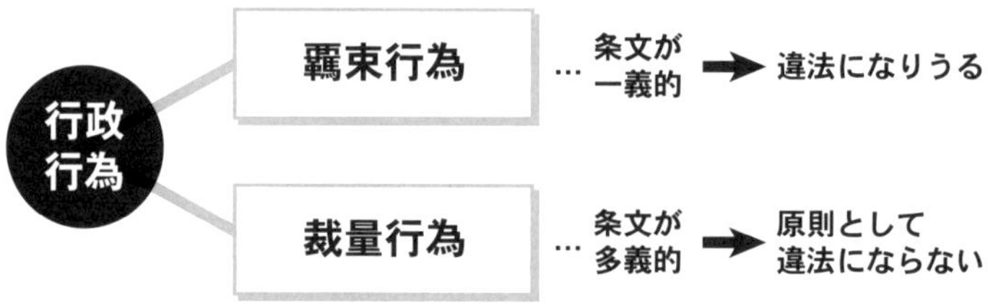

ければならず、逆に許可処分を出せば、違法な行政行為となります。このように、法律で機械的に判断することが求められている場合を羈束行為といいます。

裁量行為はその逆で、行政に自由な判断を認めている場合です。たとえば公務員に対する懲戒処分がその例です。公務員が酒を飲んで自動車を運転すると、それは信用失墜行為（国家公務員法99条）にあたり、免職、停職、減給、または戒告という懲戒処分が行われます。もっとも、どの懲戒処分にするか、またそもそも処分をするかということは、行政側が自由に

要件裁量と効果裁量

本格的に行政法の勉強を始めると「要件裁量」とか「効果裁量」という言葉が出てくることがあります。法律の要件に裁量が認められているのが要件裁量、効果に認められているのが効果裁量です。公務員の懲戒処分で、何を「信用失墜行為」と判断するかは要件裁量です。懲戒処分として、免職、停職、減給、戒告のどの処分にするかにも裁量が認められています。これは効果裁量の例です。

判断することができます。「自由な判断」とは、その判断に基づく行為が原則として違法な行政活動にならず、したがって裁判所による取消訴訟などの対象にならないということです。

つまり、羈束行為と裁量行為をなぜ分けておくかというと、羈束行為は法律に違反していれば違法になるので、取消訴訟などを通じて司法審査ができるのに対して、裁量行為は原則として違法の問題が起こらないので、司法審査の対象外になるという違いがあるからです。

❷不確定概念

(1) 不確定概念とは？

このように、羈束行為と裁量行為との違いに応じて、裁判所に救済を求めることができるかどうかという重大な違いが生じます。では両者をどのように区別すればよいでしょうか。古物営業法4条2項のような定め方をしていれば羈束行為であることは容易にわかります。問題になるのは、「相当の理由」とか「必要な限度」のような、はっきりしない言葉が条文で使われている場合です。

警察官が行う職務質問を例にとって、もう少し見てみましょう。

警職法2条1項は次のように定めています。

▶▶▶警察官職務執行法第2条1項（質問）

警察官は、異常な挙動その他周囲の事情から合理的に判断して何らかの犯罪を犯し、若しくは犯そうとしていると疑うに足りる相当な理由のある者又は既に行われた犯罪について、若しくは犯罪が行われようとしていることについて知つていると認められる者を停止させて質問することができる。

「……疑うに足りる相当な理由」とはどういう理由でしょうか。ほおかぶりをして、唐草模様の大きな風呂敷包みを背負って、真夜中に足早に走っていたりすれば、それはいかにも泥棒と疑う相当の理由があるでしょう。ただ、昼に同じ格好で歩いていても怪しまれることは少ないでしょう。別の例で、ポケットが異常に膨らんだまま歩いていた人はどうでしょう。物をたくさんいれているだけかもしれません。でも、麻薬犯人を捕まえる非常警戒中のことならば、麻薬所持を疑う相当の理由が疑われます。

つまり、「疑うに足りる相当の理由」があるかどうかは、現場の状況をくんでケースバイケースで判断するほかはありません。個別の事情をすべて予測して法律の条文に書いておくことなど不可能なのです。行政活動を円滑に行うためには、現場の状況に応じてある程度の判断の幅を行政に認めておく必要があるのです。

「相当の理由」のように、抽象的で、一見、いろいろな意味にとることができる言葉を「不確定概念」といいます。

(2) 裁量行為なら何をしてもいい？

このように「不確定概念」が用いられている場合には、法律は、行政に現場の状況ごとの判断を求め、行政の裁量を認める趣旨であるといえます。では、不確定概念が条文で使われていれば、行政の判断がどんなに不合理なものであっても、裁判所は見て見ぬフリをしなければならないのでしょうか？

裁量行為が違法かどうかは原則として問題になりません。しかし、いくら行政に裁量権が認められているといっても、法の支配の原則の下では、その裁量権の行使はあくまで法律の枠内において許容されるにすぎません。法律の枠内を超えてしまったら、その行為は違法であり、裁判所の審査の対象になるのです。それを定めているのが行政事件訴訟法30条です。

裁量の逸脱・濫用

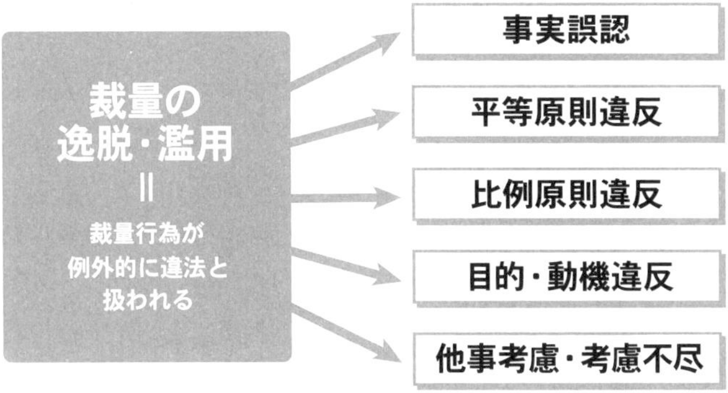

▶▶▶行政事件訴訟法第30条

行政庁の裁量処分については、裁量権の範囲をこえ又はその濫用があった場合に限り、裁判所は、その処分を取り消すことができる。

このように、裁量行為であっても、裁量権の範囲を超えるときや（「逸脱」）、濫用があるときは、裁判所により違法な処分として取り消されることになります。「逸脱」とは権限の範囲を超えること、「濫用」とは本来の目的以外のために権限を使うことですが、２つを分ける意味はあまりなく、むしろどういう場合に「逸脱・濫用」があったことになるか、裁判所が司法審査するにあたり、どの程度踏み込むべきかということが重要です。

理論上、事実誤認、平等原則違反、比例原則違反、目的・動機違反、他事考慮・考慮不尽等に分類されて、整理されています。

(a)事実誤認

たとえば、酒酔い運転で懲戒免職処分となったが、運転をしていたのは当人ではなく他人だったならば、事実の判断を誤っていたのですから、たとえ裁量行為があっても事実誤認として違法になります。

(b)平等原則違反

ある公務員が集団で不祥事を起こしたとします。ところが、同じ不祥事なのに１人だけ理由なく重い処分になったときには、平等原則違反として違法になります。平等原則は憲法14条１項で定められている法の下の平等と同じ意味と考えてかまいません。行政法は明治期にドイツから輸入されたのですが、明治憲法で平等理念の規定は公務就任資格の平等（明治憲法19条）しか定められていなかったため、広く行政活動が平等に行われるように、「法の一般原則」として「平等原則」に従わなければならないと考えられていました。今では、憲法14条があるので、特に「法の一般原則」という必要も低くなりました。

(c)比例原則違反

たとえば、ある公務員が初めて寝坊して遅刻したとします。懲戒処分は職場の規律を保つことを目的とするものですが、いくら目的を達するのに必要といっても、一度寝坊しただけで懲戒免職処分でクビというのは、使う手段があまりに重すぎるでしょう。権力を行使するときにその手段は必要最小限度でなければならないというルールを「比例原則」といいます。これも法の一般原則です。日本国憲法では13条後段で「生命、自由及び幸福追求に対する国民の権利については、公共の福祉に反しない限り、立法その他の国政の上で、最大の尊重を必要とする」とし、人権の制約は必要最小限度であることを求めていますから、比例原則もまた、日本国憲法のもとでは当然のことです。

(d)目的・動機違反

懲戒処分は職場の規律を保つことを目的とした仕組みですから、勤労者に憲法上保障された組合活動を妨害する目的でその権限を行使することはできません。このような、本来の目的以外に裁量を行使することを「目的違反」とか「動機違反」といいます。これも、裁量の逸脱・濫用の一類型です。

(e)考慮不尽・他事考慮

行政が国道を拡張するために文化的遺産を破壊してしまったとします。その際、行政はその遺産のもつ文化的価値を十分に考慮すべきなのにしま

不確定概念が用いられていれば必ず行政裁量？

法律の条文には抽象的な文言が使われていることが多いです。それでは、このような抽象的な文言は、全て不確定概念であって、行政に裁量を認める趣旨なのでしょうか？

実は必ずしもそういうわけでもないのです。行政に裁量を認めることはいいことばかりではありません。確かに、臨機応変に事態に対処しやすくなりますが、行政活動は野放しになってしまい、本来すべきでない処分をするかもしれません。

たとえば、行政機関の保有する情報の公開に関する法律（情報公開法）第５条５号では、不開示事由として「おそれがあるもの」という不確定概念が用いられていますが、一般に行政に裁量を認める趣旨ではないと解されています。

なぜなら、情報公開制度では行政文書の公開があくまで原則だからです。情報公開法は国民の知る権利を保障し、行政に説明責任を果たさせることに目的がありますから、行政がその場その場の判断で本来開示されるべき情報を非公開にしてはいけないのです。

このように不確定概念が用いられ、一見行政に裁量が認められているように思える場合でも、実は法令の解釈の問題であり、裁判官が経験則や社会通念に従って判断することができる場合があります。これは、個別法の趣旨の解釈の問題であり、一夜にして身につけられるものではありません。難しいと感じられるかもしれませんが、それこそが行政法の醍醐味であり、身につけられた暁には行政法の学習が楽しくなっていることでしょう。

せんでした。このように、当然考慮すべき事項を十分に考慮しないことを「考慮不尽」といいます。また、行政はオリンピックの開催に伴う自動車交通量の増加を判断の根拠にしましたが、その増加は一時的なものであり、本来重視すべきではありませんでした。このように、重視すべきでない考慮要素を重視することを「他事考慮」といいます。この類型は、裁判所の裁量行為の審査密度を高めることを可能にするので、近時注目されています。

❸手続的な裁量統制

裁量行為は手続的な規律によってコントロールされることもあります。行われた処分自体が適法であっても、処分までの手続が不適正であれば処分も違法になる、という発想です。

この、行政手続という考え方は、裁量行為をもコントロールできる点で、法律による行政の原理を補いながら行政活動をコントロールするものです。のみならず、裁判などで違法処分を取り消すことを通じて事後的に回復するよりも、違法しないように事前予防したほうが国民の権利利益保護になるという点で、行政救済法を補う面ももっています。このことは、第1編4章Ⅰ、Ⅱで具体的に説明したとおりです。

ここでは、手続的裁量統制の先駆けともなった個人タクシー事件を紹介します。

呉服屋を営むAさんが個人タクシーの免許を申請しました。しかし、旧運輸大臣（現国交大臣）は、道路運送法6条に基づいて、タクシー業への転業が容易でないこと、7年以上の運転歴がないことを理由に、申請を却下しました。そこでAさんは、軍隊での運転歴を加えれば7年を超えることなどを主張してこの却下処分を取り消す訴えを起こしました。

最高裁判所は、多数の者から少数の者を具体的事実関係に基づき選択す

個人タクシー事件

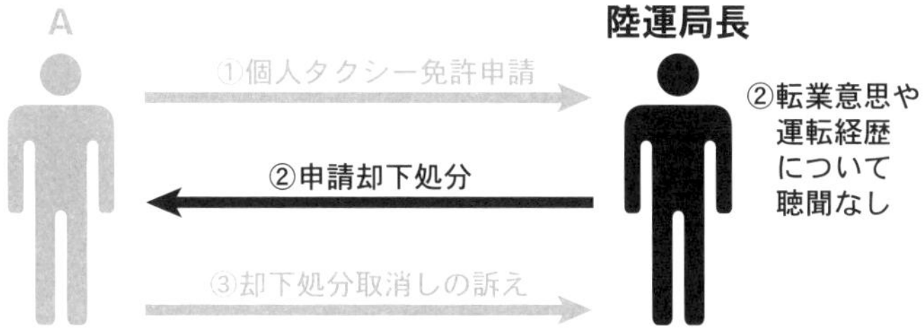

る場合には、法律に明文の規定がなくとも、事実の認定につき行政庁の不公正を疑うことが客観的にもっともと認められるような不公正な手続をとってはならないと判断し、行政内部で審査基準を定め、この基準を適用する上で必要とされる事項について、申請人にその主張と証拠提出の機会を与える必要がある、としました（最判昭和46年10月28日）。

つまり、この判例は、免許を与えるかどうかを判断するにあたって審査基準を定めておくこと、そして、その基準で考慮される事項について、申請人に証拠提出の機会を与えるべきことを行政に求めたのです。ですから、本件のように、個人タクシー業に転業する気があるのか、運転歴がどのくらいあるのかということを聴かないで却下処分をしても、それは違法だというわけです。

免許を与えるかどうかを、そのときの気分で決めるように見えてしまうのでは、行政活動が公正に行われたとはいえません。そう見られないようにするためには、免許を与えるかどうかを判断する基準を定めていることが必要です。さらに、処分前に行政が当の本人に必要な情報を聴いてみるほうが、間違った処分を避けることができます。そのような点から、処分を行う前に先のような手続を踏むことを求めたのです。

第4章　行政争訟——行政救済法

I　行政救済法の体系

法律で行政を規律する一方で、それが守られないときにリカバーする仕組みが必要になります。違法な行政活動を正して国民の権利利益を守る仕組みを扱うのが行政救済法という分野です。権利利益を守る方法は２つあります。侵害を金銭で救済する方法と、侵害される前の状態に戻す原状回復です。前者の中心となる制度が国家賠償、後者の中心が行政事件訴訟です。この２つが、救済法の二本柱です。

このほか、「適法な」行政活動による権利利益の制約に金銭救済をする仕組みがあります。損失補償といいます。たとえば、ダムを造るために土地を強制収用された地主に土地の価格を支払うのがその例です。金銭で救済する仕組みである点では、国家賠償と共通しますが、ダムを造るのは適法ですから、違法行政について問題になる国家賠償とは異なります。両者をあわせて、国家補償制度とよびます。

さらに、原状回復を、裁判所ではなく行政機関に求めて行うのが行政上の不服申立てです。行政不服審査法が一般的に定めています。裁判所は、行政権から独立しているので、公正中立な判断が期待できますが、費用や時間がかかる難点もあります。その反面、行政が主体となって争いを裁く仕組みは、簡易な手続で迅速に救済ができ、また裁量問題にも踏み込んで判断できる点で救済の間口も広いというメリットもあり、どちらを利用するかは、原則として利用者の選択に委ねられています（自由選択主義。行

行政救済法の体系

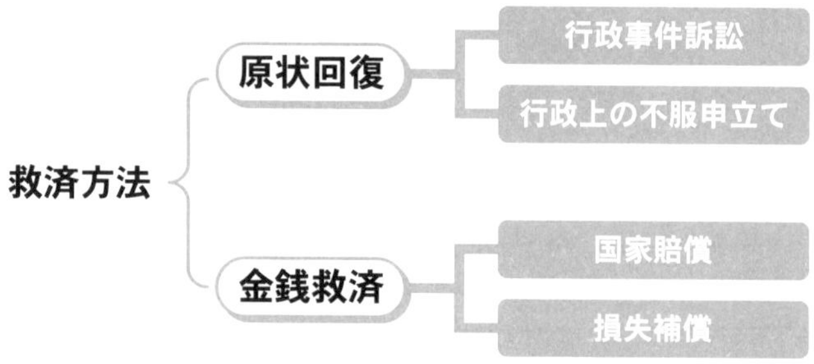

政事件訴訟法8条1項）。

▶▶▶行政事件訴訟法第8条1項（処分の取消しの訴えと審査請求との関係）

処分の取消しの訴えは、当該処分につき法令の規定により審査請求をすることができる場合においても、直ちに提起することを妨げない。ただし、法律に当該処分についての審査請求に対する裁決を経た後でなければ処分の取消しの訴えを提起することができない旨の定めがあるときは、この限りでない。（以下、略）

Ⅱ　行政事件訴訟法の全体像

❶行政事件訴訟法はどういう裁判を定めているか

憲法が裁判所に与えている権限は「司法権」です（憲法76条１項）。「司法権」とは具体的な争訟について、法を適用し、宣言することによって、これを裁定する、国家の作用をいいます。ここでいう「具体的な争訟」は、「法律上の争訟」（裁判所法３条）と同じ意味です。法律上の争訟といえる争いでなければ、裁判所は原則として審査することができません。法律上の争訟でなくとも審査できる例外的な裁判が客観訴訟です。客観訴訟には、民衆訴訟と機関訴訟という種類がありました。ここまでは第1編5章Ⅳで説明したことです。

行政事件訴訟法は、訴訟類型、つまり裁判の種類を客観訴訟と主観訴訟に分けて定めています。

個人の権利利益を救済するための裁判が「主観訴訟」です。これには、抗告訴訟と当事者訴訟があります。「抗告訴訟」は、行政庁の公権力行使に関する不服の訴訟です（行政事件訴訟法３条１項）。行政が一方的に命令してきたことに不満があるときに、それを争うための訴訟です。行政庁が行った処分や裁決に対する取消訴訟（同２項、同３項）がその中心です。そのほかに、無効等確認訴訟（同４項）、不作為違法確認訴訟（同５項）、義務付け訴訟（同６項）、差止訴訟（同７項）があります。

▶▶▶行政事件訴訟法第3条（抗告訴訟）

1　この法律において「抗告訴訟」とは、行政庁の公権力の行使に関する不服の訴訟をいう。

2　この法律において「処分の取消しの訴え」とは、行政庁の処分その他公権力の行使に当たる行為（次項に規定する裁決、決定その他の行為を除く。以下単に「処分」という。）の取消しを求める訴訟をいう。

3　この法律において「裁決の取消しの訴え」とは、審査請求、その他の不服申立て（以下単に「審査請求」という。）に対する行政庁の裁決、決定その他の行為（以下単に「裁決」という。）

の取消しを求める訴訟をいう。

4　この法律において「無効等確認の訴え」とは、処分若しくは裁決の存否又はその効力の有無の確認を求める訴訟をいう。

5　この法律において「不作為の違法確認の訴え」とは、行政庁が法令に基づく申請に対し、相当の期間内に何らかの処分又は裁決をすべきであるにかかわらず、これをしないことについての違法の確認を求める訴訟をいう。

6　この法律において「義務付けの訴え」とは、次に掲げる場合において、行政庁がその処分又は裁決をすべき旨を命ずることを求める訴訟をいう。

一．行政庁が一定の処分をすべきであるにかかわらずこれがされないとき（次号に掲げる場合を除く。）。

二．行政庁に対し一定の処分又は裁決を求める旨の法令に基づく申請又は審査請求がされた場合において、当該行政庁がその処分又は裁決をすべきであるにかかわらずこれがされないとき。

7　この法律において「差止めの訴え」とは、行政庁が一定の処分又は裁決をすべきでないにかかわらずこれがされようとしている場合において、行政庁がその処分又は裁決をしてはならない旨を命ずることを求める訴訟をいう。

❷行政訴訟の中心は取消訴訟

抗告訴訟の中心として位置づけられているのが取消訴訟です（行政事件訴訟法3条2項）。営業不許可処分や建築除去命令などの行政行為に不満があるときに、その取消しを求める裁判です。

行政事件訴訟法は、取消訴訟の手続に関する条文を最初に定め（同8～35条）、それ以外の訴訟類型は取消訴訟の条文を準用する構造で定めてあります。これを取消訴訟中心主義といいます。

条文の並べ方の問題を超えて、従来は、公法に関わる裁判を取消訴訟に

取消訴訟の訴訟要件

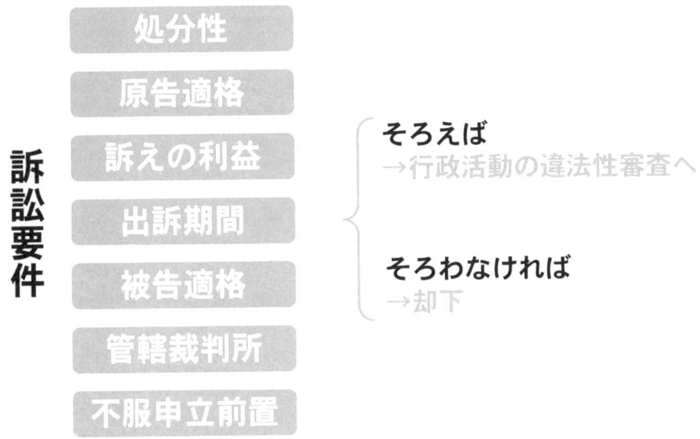

押し込んで処理しようという流れにありました。別の言い方をすれば、そういう処理ができなければ、言い分を聞かずに門前払いをしていました。2004（平成16）年の行政事件訴訟法改正はそのような従来の枠組みから脱却することをめざしました。公法上の確認訴訟を明記したり、義務付け訴訟や差止訴訟を明記したのはそのあらわれです。ただ、学ぶ順序としては取消訴訟がどういうものであるかをしっかり理解することが先です。

❸どうすれば裁判所に審査してもらえるか——訴訟要件

取消訴訟が起こされたときに、裁判所は、まず、訴訟要件を審査します。訴訟要件は、訴えを適法ならしめる要件であり（第1編4章Ⅳ❶）、それがひとつでも欠けると却下判決、つまり門前払いされます。ここでは取消訴訟の訴訟要件として今まで多くの議論がされてきた「処分性」と「原告適格」の問題をとりあげます。

(1) 取り消すことができる行政活動はかぎられる——処分性の問題

取消訴訟で争うことができるのは行政活動の一部にすぎません。条文の表現でいえば「行政庁の処分その他公権力の行使に当たる行為」(行政事件訴訟法3条2項)と「裁決、決定その他の行為」(同3項)です。後者についてはあまり問題がありません。行政上の不服申立てに応じて行政庁が下した判断は「裁決」とか「決定」とよばれますが、これに不服があるときに起こすのが裁決取消訴訟です。これに対して、前者の「行政庁の処分」が何かは多くの判例で問題になってきました。

(a)処分とは?

行政庁の処分とは、判例によれば、行政庁の法令に基づく行為のすべてを意味するものではなく、「公権力の主体たる国または公共団体が行う行為のうち、その行為によって、直接国民の権利義務を形成しまたはその範囲を確定することが法律上認められているもの」をいいます(最判昭和39年10月29日)。行政庁の処分といえるには、①公権力性、②国民の権利義務に対する直接具体的な法的規律が必要だというわけです。たとえば、課税処分は、税務署長が「払え」と一方的に命令するものですから公権力性のある行為ですし、その人に一定の金額を払う義務を課す点で直接具体的に法的規律を行うものです。

ちなみに、前に行政行為という言葉を説明しました(第3編3章Ⅰ❷)。これと「行政庁の処分」との違いですが、少なくとも入門段階では同じ意味と考えてかまいません。①は、有無を言わさず一方的に行うこと、②は、個別・具体的で法的効果をもつ行為という意味です。

大田区ごみ焼却場設置事件

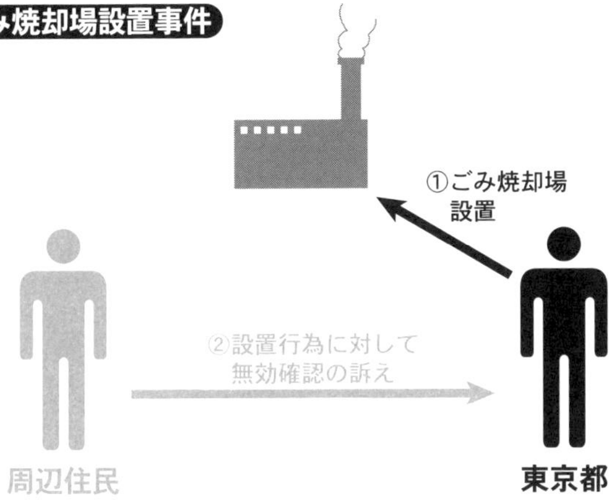

(b)判例

〈大田区ごみ焼却場設置事件〉（最判昭和39年10月29日）

この事件では、ごみ焼却場を設置する行為が「行政庁の処分」にあたるかどうかが問題になりました。

東京都が大田区にゴミ焼却場を設置する計画案を作り、都議会の議決を経て建設会社と請負契約を結び、焼却場の建設工事に着手しようとしました。これに対して周辺住民が、ごみ焼却場を設置する行為が違法であるとして、無効確認を求めて出訴した事件です。無効確認訴訟の対象も行政庁の処分でなければならず、議論は取消訴訟と同じです。

この事件で最高裁判所は、「行政庁の処分」を、(a)で紹介したように定式化しました。そして、焼却場の設置行為は、それによって住民が不利益を被ることがあるとしても、直接住民らの権利義務を形成し、またはその範囲を確定することが法律上認められている場合に該当するものではないから処分にはあたらないとしました。

課税処分を命じられれば、言われた額を払う法律上の義務が生じますし、営業不許可処分を受ければ、営業をしてはならない法律上の義務が残ります。それに比べると、ごみ焼却場の設置行為は、それ自体たしかに周辺住民にとっては迷惑な話ではありますが、法律上の義務を発生させるものではありません。このような行為を事実行為とよんでいます。事実行為は、(a)で整理した②でいう「法的規律」といえないので、行政庁の処分にはあたらないのです。

では、住民は、近くにごみ焼却場が建てられようとしているときに、指をくわえて見ているほかないのでしょうか。注意が必要なのは、処分性がないからといって、裁判上の救済の途が閉ざされることになるわけではないということです。このような公共施設の設置行為に関する紛争は、民事訴訟として争うこともできるはずです。処分性の問題は、「救済するかしないか」という問題ではなく、取消訴訟（行政訴訟）か民事訴訟かという裁判ルートの選択の問題なのです。取消訴訟で争った場合、裁判が終わるまで暫定的に工事を中止しておくような仮処分を認めてもらえない（行政事件訴訟法44条）などの点で原告には不利益ですから、民事訴訟で争うほうが、住民にとっては有利な面もあります。

残念ながら今までの最高裁判所は、処分性を厳しく判断する一方で、取消訴訟として却下されれば裁判による救済の途を閉ざす態度をとっていたといえます。抗告訴訟でも民事訴訟でもダメ、という大阪空港訴訟が悪い見本です。

〈墓地埋葬通達事件〉（最判昭和43年12月24日）

墓地埋葬等に関する法律13条によれば、お寺や火葬場は、正当な理由がなければ、埋葬等の求めを拒否することができません。お寺や寺院は行政機関ではありませんが、納骨や埋葬は公益性が高いので、このような規制が設けられています。「正当な理由」というのは、たとえば、老人ホーム内に付属する納骨堂に、老人ホーム外の人が利用の申出をしてきたのを断わるような場合だと言われています。

この事件は、「正当な理由」をめぐって当時の厚生大臣が通達を変更したことが問題になりました。戦後間もない1949（昭和24）年８月に、厚生大臣が、宗派の宗教的感情を著しく損なうおそれのある場合には、埋葬を拒む「正当な理由」がある、という通達を各都道府県等衛生主管部局長に出しました。ところが、その後の新興宗教の台頭を背景にして、寺院等と信者との間で混乱が起きました。そこで、厚生大臣は、1960（昭和35）年３月に、今度は逆に、埋葬依頼者が他の宗教団体の信者であることのみを理由として埋葬等の求めを拒むことは、「正当の理由」にあたらないという通達（第３編３章Ⅰ❶）を出しました。

これに対してある寺院を経営する者が、この通達について、取消しの訴えを起こしたのがこの事件です。通達に処分性があるかが問題になりました。

最高裁は、この通達が当時の厚生省から各都道府県の担当部局に宛てて出された行政の内部行為にすぎず、一般の国民を直接拘束するものではない、という理由で、処分性を認めませんでした。処分に求められる②の「直接」具体的な法的規律ではないというわけです。

▶▶▶墓地、埋葬等に関する法律第13条
墓地、納骨堂又は火葬場の管理者は、埋葬、埋蔵、収蔵又は火葬の求めを受けたときは、正当の理由がなければこれを拒んではならない。

〈病院開設中止勧告事件〉（最判平成17年７月15日、最判平成17年10月25日）

訴訟要件を緩和する方向に踏みだしたのが、2004（平成16）年の行政事件訴訟法改正でした。法改正の考え方としては、処分性等が求められる取消訴訟ルートはそのままにして、公法上の確認訴訟や義務付け訴訟など、他の裁判のオプションを増やし、他のルートで救済の幅を広げようというスタンスです。

ですから、処分性を拡大するには及ばないところだったのですが、最高裁は、2004（平成16）年改正後、処分性概念を拡大する方向に動き始めます。たとえば、病院開設中止勧告事件では「勧告」にも処分性を認めています。勧告は、行政の行為形式で言えば行政指導にあたります。行政指導は、私人の自由意思にはたらきかけて協力を求める行政活動ですから非権力的行為ですし、事実上はたらきかけるだけで法的規律を及ぼすものではありませんから事実行為です。とすれば、(a)の①②とも欠けており、行政庁の処分とは言えないはずのものです。

行政指導にまで処分性を認めたこの事件には、どういう事情があったのでしょうか。少し詳しく事件を見てみます。

病院を開設するときには、都道府県知事から病院を開設する許可を受けなければなりません。この事件では、病院を始めようと考えているＡ（原告）が開設申請を行ったところ、Ｂ（知事）は、その地域がすでに地域医療計画で定める必要病床数に達しているという理由で、開設中止を勧告しました（医療法旧30条の７、現30条の11)。病院が増えすぎるとかえって適切な医療サービスができなくなるからです。しかし、Ａは、その勧告を無視して病院を開設します。ところがＡは、その後、厚生労働大臣から保険医療機関の指定を拒否する趣旨の文書を受けてしまいました。保健医療機関の指定が受けられないと、患者は保険証が使えません。保険証が使えない病院で治療を受ける人はいないでしょう。それでは病院としてやっていけません。そこで、Aは開設中止勧告の取消しを求めて裁判所に訴えました。

裁判所は、中止勧告が行政指導であると明言しながら、勧告に従わなければ、相当程度の確実さをもって、病院を開設しても保険医療機関の指定を受けることができなくなるという結果をもたらし、そうなれば、実際上病院の開設自体を断念せざるをえないことになる、という理由で処分性を認めました。

それ自体として見れば、勧告は行政指導の性質をもつにすぎません。しかし、関連する法令の仕組みを全体として見れば、実質的に法的効果をもつ（法的規律を及ぼす）と判断して、処分性を認める趣旨です。その点で、従来の判例が求めていた処分性の定式①②を放棄したわけではありませんが、勧告（行政指導）であっても処分性が認められる場合があるとして、処分性を拡大する方向に踏みだした判例です。ただ、救済を拡大する方向性は歓迎すべきですが、このような処分性を拡大する方向性と、2004（平成16）年改正がめざすところの、取消訴訟以外のオプションで救済を拡大する方向性とをいかに整合させるかが、今後の問題といえます。

▶▶▶医療法第30条の11

都道府県知事は、医療計画の達成の推進のため特に必要がある場合には、病院若しくは診療所を開設しようとする者又は病院若しくは診療所の開設者若しくは管理者に対し、都道府県医療審議会の意見を聴いて、病院の開設若しくは病院の病床数の増加若しくは病床の種別の変更又は診療所の病床の設置若しくは診療所の病床数の増加に関して勧告することができる。

(2) 裁判を起こすことができるのは誰か——原告適格の問題

原告適格とは、処分の取消しを求めて裁判所に救済を求めることができる資格です。条文の表現で言えば、原告適格をもつ者は「取消しを求めるにつき法律上の利益を有する者」です（行政事件訴訟法９条１項）。裁判は、みんなのためではなく、自分の権利利益を守るために起こすものです。ですから、違法行政が行われたとしても、それと関係のない赤の他人が起こせるわけではありません。権利利益を侵害された、助けてくれ、そういう人にだけ起こさせればよいのです。訴訟要件として法が原告適格を求めるのはそういう理由からです。しかし、特に昭和期の判例は、処分性と同じようにその要件を厳格に解釈し、救済の間口を狭く捉えていました。

(a)法律上の利益を有する者とは？

法律上の利益を有する者とは、判例によれば、「法律上保護された利益をもつ者」にかぎるという立場をとってきました（最判昭和53年３月14日）。原告が主張しようとしている利益が、処分の根拠法によって保護されているときにだけ原告適格を認めるという考え方です。何らかの利益が侵害されているだけでは足りず、その「利益」が法律で保護している場合にだけ、原告適格を認めるというものです。

▶▶▶行政事件訴訟法第9条（原告適格）

1　処分の取消しの訴え及び裁決の取消しの訴え（以下「取消訴訟」という。）は、当該処分又は裁決の取消しを求めるにつき法律上の利益を有する者（処分又は裁決の効果が期間の経過その他の理由によりなくなった後においてもなお処分又は裁決の取消しによって回復すべき法律上の利益を有する者を含む。）に限り、提起することができる。

2（略）

公衆浴場の開設と距離制限規定（公衆浴場法２条）を例にとって説明しましょう。既存の公衆浴場Aの近くで、Bが公衆浴場の営業許可処分を受けました。ところが、Bの浴場予定地は、いわゆる距離制限の範囲内にありました（憲法の職業選択の自由のところで登場する昭和30年１月26日の最高裁大法廷の判例とは別の事例です）。Bへの許可処分について、Aには、取消しの訴えを起こす原告適格があるでしょうか。もし、距離制限規定が、浴場同士の過当競争によって衛生状態が低下するのを防ぐためにあるとすれば、それはもっぱら浴場を利用する公衆の利益を守るための規定です。ですから、既存業者は法律上保護された利益をもたず、原告適格は認められません。これに対して、規定の趣旨が、過当競争にさらされないように既存業者の営業上の利益を保護する趣旨だと解釈すれば、その人は法律上保護された利益をもつので原告適格が認められることになります。最高裁判所は後者の解釈を示してAの原告適格を認めています（最判昭和37年１月19日）。

▶▶▶公衆浴場法第2条

１　業として公衆浴場を経営しようとする者は、都道府県知事の許可を受けなければならない。

２　都道府県知事は、公衆浴場の設置の場所若しくはその構造設備が、公衆衛生上不適当であると認めるとき又はその設置の場所が配置の適正を欠くと認めるときは、前項の許可を与えないことができる。但し、この場合においては、都道府県知事は、理由を附した書面をもって、その旨を通知しなければならない。

３　前項の設置の場所の配置の基準については、都道府県が条例で、これを定める。

４　都道府県知事は、第２項の規定の趣旨にかんがみて必要があると認めるときは、第1項の許可に必要な条件を附することができる。

▶▶▶京都府公衆浴場施行条例2条（配置の基準）

法第2条第3項に規定する設置の場所の配置の基準は、各公衆浴場間の最短距離が250メートル以上保たれていることとする。ただし、日常生活における保健衛生上必要な入浴のために設けられた公衆浴場（以下「一般公衆浴場」という。）で、次の各号のいずれかに該当するもの及び一般公衆浴場以外の公衆浴場（以下「その他の公衆浴場」という。）については、この限りでない。

⑴　一般公衆浴場について法第2条第1項の規定による許可を受けた者が、当該一般公衆浴場を廃止し、引き続き同一の場所で経営しようとするもの

⑵　一般公衆浴場の譲渡があった場合において、譲受人が引き続き同一の場所で経営しようとするもの

⑶　前2号に定めるもののほか、土地の状況、人口の密度その他の特別の事情により知事が公衆衛生上必要と認めたもの

⒝判例

〈主婦連ジュース事件〉（最判昭和53年３月14日）

この事件は、「法律上の利益」の意味を明らかにした判例として重要です。事案は行政不服審査法に関するものですが、不服申立適格は行政事件訴訟法９条の「法律上の利益」と同じ意味と考えられています。

まず、事件のあらましです。公正取引委員会（Y）が、果汁飲料等の表示に関する公正な競争を確保するための協定または規約（裁判時は「公正競争規約」）を認定しました。この協定または規約に関しては、景表法（不当景品類及び不当表示防止法）11条が規制を行っています。協定または規約は、業界団体が作った自主規制ですが、公正取引委員会と消費者庁から「認定」を受けてお墨付きをもらうと、いろいろなメリットが生まれます。広告や宣伝をするときにそれを守っていれば、コンプライアンス違

主婦連ジュース事件

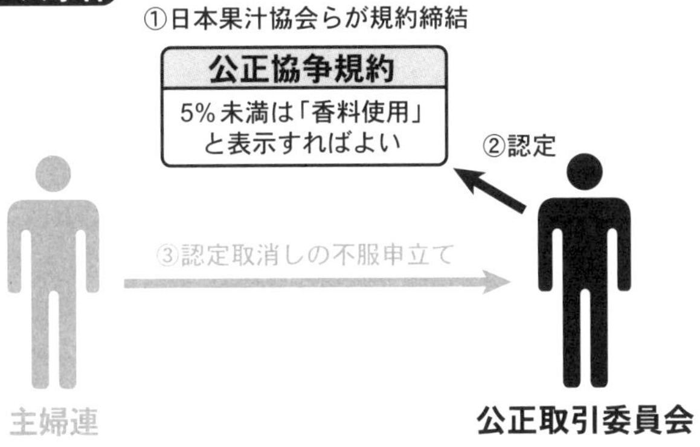

反に問われることはありません。またそれは、消費者目線で誤解を招かないように配慮されたルールともいえますから、それに沿った広告等は消費者から信頼を得られます。誇大広告合戦で業界全体がムダな資源を使わないようにする効果もあります。

この事件で争われたのは、「果汁含有率５％未満または果汁を含まない飲料については、その旨の表示に代えて『合成着色飲料』、『香料使用』等とのみ表示すればよい」という規約部分でした。そのような表示では一般消費者に果汁が含まれていないことが伝わらないじゃないかというわけです。主婦連合会（X）らはその点が景表法10条（現11条）２項１号ないし３号に違反すると主張して、取消訴訟を起こしました。

最高裁は、「法律上の利益」をもつ者の意義を、その処分によって自分の法律上保護された利益を侵害され、または必然的に侵害されるおそれのある者をいう、としました。その上で、景表法の規定により一般消費者が受ける利益は、公益を守るための規制を行った結果として生ずる反射的な利益ないし事実上の利益であって、法律上保護された利益とはいえないとしました。

▶▶▶不当景品類及び不当表示防止法第１１条（協定又は規約）

１（略）

２　内閣総理大臣及び公正取引委員会は、前項の協定又は規約が次の各号のいずれにも適合すると認める場合でなければ、同項の認定をしてはならない。

　一　不当な顧客の誘引を防止し、一般消費者による自主的かつ合理的な選択及び事業者間の公正な競争を確保するために適切なものであること。

　二　一般消費者及び関連事業者の利益を不当に害するおそれがないこと。

　三　不当に差別的でないこと。

　四　当該協定若しくは規約に参加し、又は当該協定若しくは規約から脱退することを不当に制限しないこと。

３～５（略）

　最高裁が、公益一般が侵害されただけでは原告適格を認めなかったのはなぜでしょうか。それは、公益が侵害されたという理由だけで原告適格を認めると、結局、誰でも裁判を起こせることになってしまい、裁判が客観訴訟化してしまうからです。行政事件訴訟法は、客観訴訟を例外的な裁判と見て、法律が認めたときだけ起こすことができるとしています（行政事件訴訟法42条）。原告適格をゆるめすぎると、この法の建前と矛盾してしまうのです。そして、最高裁は、客観訴訟化を避ける一方で、侵害される利益が経済的なものか健康被害をもたらすものか、また利害関係者が一般公衆か地域限局的かなどの要因を総合判断しながら、原告救済にも配慮しているともいわれています。

しかし、「公益」といっても、薄く広く拡散した私的利益の集合なのです。薄くとも、1人ひとりに還元することができる利益ならば、客観訴訟そのものとはいえません。少なくとも訴訟要件のレベルで門前払いすることには賛成しかねます。憲法の公共の福祉論でもそうでしたが、「公益」を漠然と捉えて分析しないでいると、人権保障にはマイナスになってしまいます。しかも、訴訟要件の問題は、勝ち負けを決める実体判断の問題ではなく、裁判所が原告の主張を受け止めるかどうかという問題です。裁判所で争うこと自体は、なるべく広く認めるべきです。それこそが裁判を受ける権利の保障にかなった行政裁判です。この要件ではもう少しゆるやかに判断してもよいのではないかと考えます。

〈小田急高架訴訟〉（最大判平成17年12月７日）

昭和期に厳格に捉えられていた原告適格は、伊達火力発電所訴訟（最判昭和60年12月17日）、新潟空港訴訟（最判平成元年２月17日）、もんじゅ訴訟（最判平成４年９月22日）などで次第に柔軟に捉えられるようになっていきます。そして、2004（平成16）年の法改正では、原告適格の判断を拡大する趣旨で、行政事件訴訟法９条２項が新設されました。

▶▶▶行政事件訴訟法9条（原告適格）

1　略

2　裁判所は、処分又は裁決の相手方以外の者について前項に規定する法律上の利益の有無を判断するに当たっては、当該処分又は裁決の根拠となる法令の規定の文言のみによることなく、当該法令の趣旨及び目的並びに当該処分において考慮されるべき利益の内容及び性質を考慮するものとする。この場合において、当該法令の趣旨及び目的を考慮するに当たっては、当該法令と目的を共通にする関係法令があるときはその趣旨及び目的をも参酌する

ものとし、当該利益の内容及び性質を考慮するに当たっては、当該処分又は裁決がその根拠となる法令に違反してされた場合に害されることとなる利益の内容及び性質並びにこれが害される態様及び程度をも勘案するものとする。

原告が主張する侵害利益が根拠法で保護されているかどうかを判断するときには、条文の言葉を形式的・表面的にみるのではなく、法の趣旨や目的、考慮されるべき利益の内容や性質を実質的によく検討して判断せよ、という意味です。

判例は、改正法の流れを受けて原告適格を拡大する方向にあります。その最近の代表例が小田急高架訴訟です（最判平成17年12月７日）。

都心では、１時間に10分程度しか踏切が上がらない「開かずの踏切」の問題が起きており、これを解消するために、鉄道と道路の立体交差化が進められています。そのときに、鉄道を地下に通すやり方と道路の上に高架化するやり方があります。高架式にすると、特に住宅地では、視界を奪い、町を分断し、町の景観を損ない、通過する電車による騒音、振動、粉じんなどが環境全体を破壊するデメリットが多く、地下を通す方式のほうが、メリットが大きいようです。ところが、小田急線の一部区間では、鉄道を高架化する立体交差化の都市計画事業が、建設大臣（当時）によって認可されました。そのため、周辺住民が、騒音、振動などによる健康・生活環境に著しい被害を受けるとして、認可取消訴訟を起こしたのがこの事件です。

同様の従来の判例（環状6号線訴訟・最判平成11年11月25日）によれば、原告適格が認められるのは、地主などのような事業地内の地権者にかぎり、周辺住民には認められなかったのですが、この判例は、９条２項の規定に則して判断した結果、事業地内の地権者にかぎらず、「事業が実施されることにより騒音、振動等による健康又は生活環境にかかる著しい被害を直接的に受けるおそれのある」周辺住民にも原告適格を認めています。ただ、訴訟要件で門前払いをしなかったですが、認可自体は適法とされ、住民の主張が退けられています。

❹いきすぎた取消訴訟中心主義——当事者訴訟の活用

(1) 当事者訴訟とは？

抗告訴訟と対になっている訴訟類型が当事者訴訟です。抗告訴訟は、行政が上から一方的にしてきた命令に文句を言うための裁判でした。これに対して、当事者訴訟は、行政と私人とを対等な当事者の立場に立たせ、両者にどういう法律関係（権利義務関係）があるかを判断してもらう裁判です。

(2) 当事者訴訟の種類と例

たとえば、道路やダムなどを造るときには、公益事業を行う者（起業者）が用地買収を行います。話合いで売買契約がまとまればよいのですが、まとまらないときには、土地の強制収用が行われます。それは、収用委員会という行政庁が権利取得裁決という行政行為によって行います。このとき、もし収用自体に不満があれば、権利取得裁決について抗告訴訟を起こします。しかし、収用自体には納得したけれど、補償される金額に不満があるときには、土地所有者が起業者を相手取って補償額を争う裁判を起こすことになります（土地収用法133条3項）。このように、個別の法律で、当事者訴訟で争えと定められている場合を、形式的当事者訴訟といいます。行政事件訴訟法４条の条文で「法令の規定によりその法律関係の一方を被告とするもの」という部分がそれです。

実質的当事者訴訟は、「公法上の法律関係に関する訴訟」です。たとえば、公務員が免職処分を受けて失職したとします。免職処分自体を争うならば、抗告訴訟に乗せることになりますが、免職自体は争わず、ただ、失職の日までの給料が支払われなかったことを争いたいならば、俸給（給料）請求権が存在することの確認を求める訴えを起こすことになります。これが実質的当事者訴訟の典型例です。

▶▶▶土地収用法第133条（訴訟）

1　収用委員会の裁決に関する訴え（次項及び第3項に規定する損失の補償に関する訴えを除く。）は、裁決書の正本の送達を受けた日から3月の不変期間内に提起しなければならない。

2　収用委員会の裁決のうち損失の補償に関する訴えは、裁決書の正本の送達を受けた日から6月以内に提起しなければならない。

3　前項の規定による訴えは、これを提起した者が起業者であるときは土地所有者又は関係人を、土地所有者又は関係人であるときは起業者を、それぞれ被告としなければならない。

(3) 当事者訴訟による救済門戸の拡大

行政活動の中心が行政行為（処分）だった時代ならば、取消訴訟を中心とした救済法のシステムでもよかったのですが、行政需要が増大し、行政のスタイルやあり方が多様化しているのが現代国家の状況です（第３編第５章）。裁判で事後的に取り消すだけでは、国民の権利利益の救済としてもはや十分ではなくなってきています。

そこで、2004（平成16）年の行政事件訴訟法改正は、取消訴訟を中心とした今までの法システムを見直し、従来からあった実質的当事者訴訟に光をあてて、救済の門戸を広げました。

具体的には、行政処分以外の行政作用に対する救済の受け皿として、当事者訴訟における確認訴訟を活用することが有効と考えられたことから、公法上の当事者訴訟の例として「公法上の法律関係に関する確認の訴え」

が明記されました。

▶▶▶行政事件訴訟法第4条（当事者訴訟）
この法律において「当事者訴訟」とは、当事者間の法律関係を確認し又は形成する処分又は裁決に関する訴訟で法令の規定によりその法律関係の当事者の一方を被告とするもの及び公法上の法律関係に関する確認の訴えその他の公法上の法律関係に関する訴訟をいう。

当事者訴訟は、取消訴訟のように、処分性とか法律上の利益のような、ハードルの高い訴訟要件はありません。当事者訴訟を、土地収用や公務員の俸給の確認だけでなく、国と国民の間で権利義務の存在を確認する裁判に広く使っていってほしい、という立法者からのメッセージといえます。もちろん、公法上の確認訴訟を利用するには、具体的な権利義務関係の紛争があること、確認の利益があることなどが必要ですが、取消訴訟よりは裁判にアクセスしやすくなる可能性が高いです。取消訴訟とは違う裁判のルートとして積極的に活用し、救済の間口を広げようという試みです。

（4）判例

当事者訴訟に関する近時の代表的な最高裁判所として、次の３つがあります。

〈在外邦人の選挙権違憲訴訟〉（最大判平成17年９月14日）

外国に住んでいても、日本の国籍をもっているかぎり、国会議員の選挙に関する選挙権をもっています。ところが、1998（平成10）年の公職選挙法改正後も、そのような在外邦人は比例区の選挙権が行使できるにすぎず、選挙区の選挙権を行使することはできませんでした。そこで、1996（平成

在外邦人の選挙権違憲訴訟

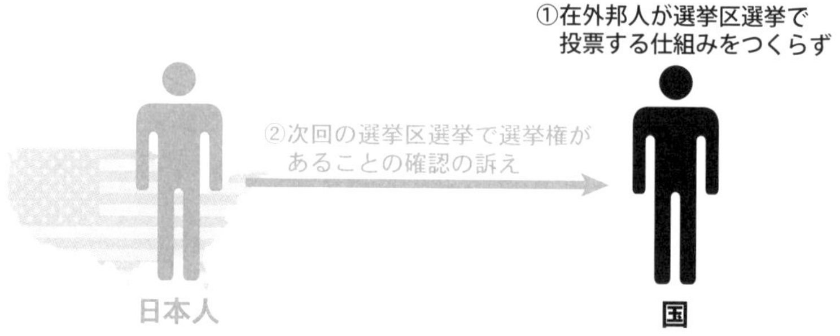

8）年の衆議院選挙で選挙権を行使できなかった在外邦人が、次回の選挙に向けて、選挙区選挙で選挙権を行使する権利があることの確認を求めて当事者訴訟を起こしました。

最高裁判所大法廷は、選挙権という権利の重要性にかんがみると、この訴えには当事者訴訟を起こすための「確認の利益」があることを認めた上で、当時の在外選挙制度は選挙権を侵す憲法違反だとし、次回の選挙までに選挙区でも選挙ができるように公選法を改正しろと判示しました（最大判平成17年９月14日）。これを受けて2006（平成18）年、選挙区への在外選挙を可能にする公職選挙法の改正が行われています。

当事者訴訟を積極的に活用してくださいという改正法のメッセージを最高裁判所がすぐに受けいれ、門前払いしないで当事者訴訟として内容を判断し、しかも違憲判決まででたという点でこの判決は画期的な裁判です。今回の法改正が、行政事件に関するこれからの裁判を受ける権利の拡充を期待させるものといえるでしょう。

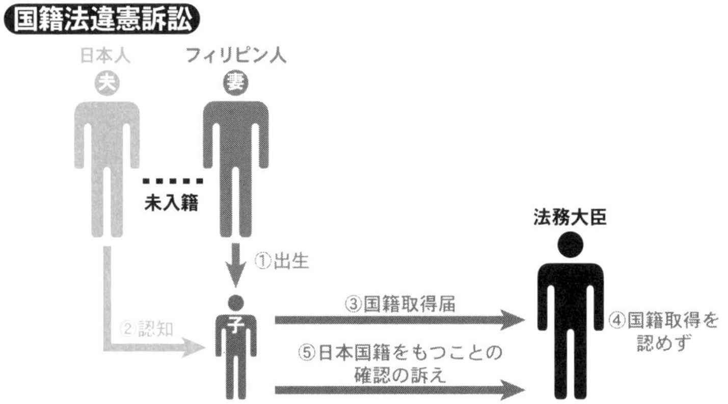

〈国籍法違憲訴訟〉（最大判平成20年６月４日）

法律上の婚姻関係にない日本国民である父と、フィリピン国籍の母との間に日本で生まれた子どもが、出生後、父から認知を受けて日本国籍の取得を求めたところ、国は旧国籍法３条が求める日本国籍取得の条件を満たしていないとして拒絶しました。そこで、当事者訴訟を使ってその子どもが日本国籍をもつことの確認を求めたのがこの事件です（上の図参照）。

最高裁の多数意見は、国籍取得をその子に認めるべきとして、旧国籍法３条を憲法14条１項違反と判断しました（最判平成20年６月４日）。

旧国籍法３条は、父母の婚姻がないと、その子に国籍取得を認めていませんでした。父母が婚姻したことで初めてわが国と密接な結びつきをもつとする趣旨です。そしてそれは、たしかに、古い時代の社会通念や社会的状況には合うものでした。しかし、社会通念や経済環境は変わってきています。出生数に占める非嫡出子の割合が増加し、家族生活や親子関係の実態も変化し多様化してきているのです。そういう点から、父母の婚姻を国籍取得の条件とする旧国籍法３条が違憲と判断されたのです。

国歌斉唱義務不存在確認訴訟

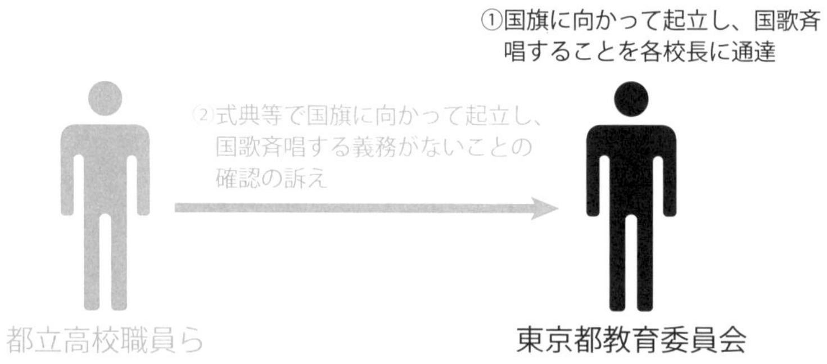

〈国歌斉唱義務不存在確認訴訟〉（最判平成24年２月９日）

東京都教育委員会の教育長は、都立学校の各校長に対し、「卒業式等において国旗に向かって起立して国歌を斉唱しない教職員は、服務上の責任を問われる」ことを周知する旨の通達を発しました。そこで、都立高校教職員らは、国歌の起立斉唱義務がないことの確認等を求めて訴えを提起しました。

最高裁は、この訴えを当事者訴訟における公法上の法律関係に関する確認の訴えと捉えた上で、実際に通達に基づいて多数の教職員に対して国歌の起立斉唱を命じる職務命令が出されていたことや、国歌の起立斉唱義務の有無が教職員の処遇に影響することから、確認の利益を認めました。最高裁は、「公法上の法律関係に関する確認の訴えとしては、その目的に即した有効適切な争訟方法である」として適法性を認めており、その他特別な要件を要求する趣旨ではないと考えられます。

(5) 当事者訴訟の活用

当事者訴訟は、今後、さらに救済の間口を広げる可能性を残しています。たとえば、先に紹介した墓地埋葬通達事件（最判昭和43年12月24日。136頁参照）は、当時の厚生大臣が各都道府県の関係部局に宛てて発した通達に焦点をあて、これが「処分」といえるかという争い方をしたために、処分性が壁になって門前払いになりました。しかし、この事件でもし当事者訴訟を活用すれば、訴訟要件レベルで門前払いされないような訴え方も可能になります。寺院を経営する原告が、通達は違法・無効だから異教徒埋葬義務はないと主張して、埋葬義務が存在しないことを確認する当事者訴訟を起こすことも可能になるからです。このように、当事者訴訟の活用を狙う改正法４条は、行政行為以外の行政活動に関する裁判を当事者訴訟で争わせる可能性を認めるものです。

Ⅲ　国家賠償法

❶国家賠償制度の全体像

明治憲法のもとでは、国家無答責の原則が支配していました。国家は間違ったことをするはずがないので、国家が公務員の行った不法行為について責任を負うことはない、と考えられていたのです。憲法17条は、国家無答責の原則を排除し、公務員の不法行為に国などが責任を負うとしており、それを受けて、国家賠償法が定められています。

▶▶▶日本国憲法第17条
何人も、公務員の不法行為により、損害を受けたときは、法律の定めるところにより、国又は公共団体に、その賠償を求めることができる。

キーワード **国家無答責の原則**
イギリスでは「国王は悪をなし得ず」といわれ、法治国の大陸法系でも、行政活動は法律の執行だから「違法な行政活動」というものは論理的に存在しないと考えられ、明治憲法下の日本でも同様に、行政裁判所法16条は「行政裁判所ハ損害要償ノ訴訟ヲ受理セス」とされていた。

国家賠償法の柱になるのは、公務員の不法行為に基づく賠償責任（1条）、および公の営造物の設置・管理責任（2条）の2つです。行政の「人」（公務員）と「物」（公の営造物）から発生した損害について賠償する責任を行政自身が負うことになります。

❷1条責任

(1) どういう責任か

たとえば、警察官がパトカーでパトロール中に過って歩行者をはねてケガをさせたような場合には、警察が所属する都道府県が損害賠償責任を負います。これが1条責任の典型例です。

考え方は民法の使用者責任（民法715条）と同じです。使用者責任は、雇い主が自分の雇っている従業員のミスで他人に損害を与えたときに、雇い主にも賠償責任を負わせる仕組みです。従業員を使って利益を得ているのは雇い主ですから、「利益が帰するところに危険も帰する」というわけです。1条責任も同様の発想です。都道府県は、治安を守るという行政の役割を果たすためにその警察官を雇って仕事をさせているのですから、勤務中に起こした事故にも責任を負うというわけです。

▶▶▶国家賠償法第1条

1　国又は公共団体の公権力の行使に当る公務員が、その職務を行うについて、故意又は過失によって違法に他人に損害を加えたときは、国又は公共団体が、これを賠償する責に任ずる。

2　前項の場合において、公務員に故意又は重大な過失があったときは、国又は公共団体は、その公務員に対して求償権を有する。

(2) 責任が認められる場合

この責任が認められるためにはいくつかの成立要件を満たさなければな

キーワード　1条責任の要件

①公権力の行使にあたる公務員の行為であること、②職務を行うについて行われた行為であること、③公務員に故意または過失があること、④違法な加害行為が行われること、⑤損害と加害行為とに因果関係があること。

りません。その要件のひとつとして、公務員の職務行為として行われた行為であることが求められます。公務員がプライベートで自動車を運転中に人をはねたとしても、それは職務行為ではないので、国などが責任を負うことはありません。問題になるのは、職務行為ではないけれども、被害者の目から見ると職務行為のように見える場合です。たとえば、警察官が非番の日に警察官の制服を着て強盗事件を起こしたような場合です。職務行為かどうかは、判例によれば、「客観的に職務執行の外形を備える行為」かどうかで判断しています（最判昭和31年11月30日）。被害者の目から見れば、制服を着ている以上、非番かどうかなどわかりませんし、行政側に「非番だから責任がない」と言わせるのも問題があるので、そのような解釈は適切でしょう。

(3) 責任を負うのは誰か

１条責任の要件が満たされれば、被害者は国や地方公共団体に対して損害賠償請求をすることができます。

では、加害者である公務員個人に賠償請求することはできるでしょうか。民法の使用者責任では、被用者（従業員）に賠償請求することはできますが、１条責任では、公務員個人に請求することはできないと考えられています（最判昭和30年４月19日）。これを認めると、公務員が公務を行うときに失敗を避けようと事なかれ主義に陥って、公務執行が萎縮してしまうからと言われています。たしかに、過失で事故を起こした場合にあてはまる理屈ですが、故意に起こしたときまで、公務が萎縮するとは言えないのではないでしょうか。

公務を萎縮させない配慮は求償要件にもあらわれています。国などが賠償金を払ったら、その金額を公務員に請求できるのですが、それは、公務員に故意か重過失があるときにかぎられます。言い換えれば、軽過失しかないときに公務員は求償責任を免れます（1条2項）。

❸2条責任

(1) どういう責任か

たとえば、道路に穴が開いていたため、そこにつまづいて転んでケガをしたような場合には、道路を管理する国や自治体が損害賠償責任を負います。これが2条責任の典型例です。行政が管理する危険な物によって被害を受けた人を救済する仕組みです。考え方は民法の工作物責任（民法717条）と似た制度で、どちらも無過失責任を認めるものです。しかも、2条責任は、工作物責任よりも広く認められます。工作物責任は、人工的に設けられた定着物から損害が生じた場合を想定していますが、2条責任は、行政によって管理されているかぎり、拳銃や警察犬のような動産でも、河川のような自然公物でも、成立します。

▶▶▶国家賠償法第2条

1　道路、河川その他の公の営造物の設置又は管理に瑕疵があったために他人に損害を生じたときは、国又は公共団体は、これを賠償する責に任ずる。

2　前項の場合において、他に損害の原因について責に任ずべき者があるときは、国又は公共団体は、これに対して求償権を有する。

(2) 責任が認められる場合

(a)設置管理の瑕疵

「設置又は管理の瑕疵」というのは、物に物的瑕疵、つまり物理的欠陥があることです（客観的物的欠陥）。ですから、たとえば、崩れたり落石のおそれがある崖沿いにある道路は、道路が通常備えるべき安全性に欠けていますから、瑕疵のある道路ということになります。そこで、落石によって通行車両が事故に遭った事件で、判例は道路を管理する高知県に２条責任を認めています（高知落石事件。最判昭和45年８月20日）。この裁判で、高知県側は、落石を防ぐために防護柵などを設置することは、予算的に無理だったとも反論しました。これを「予算抗弁」といいます。しかし、判例は道路の瑕疵について予算抗弁を排除しました。

(b)無過失責任だが結果責任ではない

ただ、この責任は、結果責任を認めたものではありません。ですから、損害が不可抗力によって生じたときには、行政が責任を負わないことに注意してください。

たとえば、道路工事現場に設置された赤色灯が通行車両に倒されて消えた直後に後続車両が工事現場で事故を起こしたような場合がそうです。工事で道路に穴が開いたまま、赤色灯も倒れて真っ暗な状態にあれば、その道路はたしかに客観的に危険な状態にあります。しかし、道路管理者が赤色灯を元に戻したり、安全策を講じる時間的余裕もなく、事故は起きているのですから、この場合は２条責任は成立しません（最判昭和50年６月26日）。逆に、道路に故障して放置された大型貨物車両に激突した事故では、放置されていた時間が87時間にも及んでいたことに着目して、２条責任を認めています。それだけの時間的な余裕があれば、車両を撤去したり、危険を知らせる策を講じれば、事故は防げたはずだからです（最判昭和50年７月25日）。

(c)機能的瑕疵

また、物そのものに不完全なところがなくとも２条責任が成立する場合があります。度々登場する大阪空港訴訟では、飛行機の離発着から生じる騒音被害について、２条責任を認めています。空港そのものは、飛行機を離発着させる設備としては瑕疵がありません。しかし、判例は、物理的な欠陥によって危害が生じる場合だけでなく、物が使われることによって第三者に危害を及ぼすときにも、設置・管理の瑕疵を認めてよいとしています（最大判昭和56年12月16日）。「物的瑕疵」に対して「機能的瑕疵」とよばれます。大阪空港訴訟は、飛行機の差止めについては身も蓋もない門前払いをしたのですが、過去の損害については比較的被害者に厚い判決を示していると言えます。

(d)河川の問題

河川が氾濫して水害が起きたときにも、２条責任が問題になります。判例は水害については被害者にかなり冷たい判断をしています。河川が氾濫しないようにする改修工事中に水害が起きた大東水害訴訟で、判例は、河川に求められる安全性は「過渡的な安全性」で足りるとしています（最判昭和59年１月26日）。「過渡的」というのは、結果的に安全になる途中の段階という意味です。言い換えれば、現段階では危険性があっても行政が責任を負うわけではないとしたのです。たしかに、道路と違って河川は、自然発生的な公共用物であり、災害をもたらす危険性をもともともっています。行政の仕事は、治水事業によって、これを徐々に安全な物にしていくことに尽きるともいえます。頑張って工事をしている最中の事故だから我慢してよ、というのは、行政の言い分としてはわかります。しかし、この理屈でいくと、たとえその計画が、科学的根拠に基づいて作られたものでなくとも、合理的な内容をもっていなくとも、計画に沿ってさえいれば行政は責任を免れてしまいます。行政が作った改修計画を追認するだけでは、裁判で行政をコントロールしていることにはならないでしょう。

その後、改修済み河川の水害が問題になった多摩川水害訴訟（最判平成２年12月３日、差戻控訴審平成４年12月17日）で、判例は、改修中の河川で示された過渡的安全性という基準を使いませんでした。そこでは、工事実施計画で想定された洪水から、当時の防災技術を使って通常予測でき、かつ、回避できる水害を防止できる程度の安全性を備えていることが必要だとしています。予測可能だったり、回避可能だった場合に瑕疵を認める余地がある点では、大東水害訴訟よりは一歩前進したと言えます。しかし、改修工事が終わった以上は、河川のような自然公物といえども結果的に安全であるべきではないでしょうか。改修計画の内容にも立ち入った審査をしてほしいところでした。

Ⅳ　損失補償

❶全体像

ダム建設に必要な用地を強制収用した場合のように、適法な行政活動によって権利利益が制約されたときに金銭救済をする仕組みが損失補償です。ダムを造ることによって多くの人が利益を受ける一方で、土地を取られて特別の犠牲を受けた地主を放っておくのでは不公平です。そこでそのような人に金銭で救済を図るのが損失補償です。行政法で勉強する損失補償も、基本的な枠組みは、すでに勉強した憲法29条３項の損失補償と同じものです。

▶▶▶日本国憲法第29条

1　財産権は、これを侵してはならない。

2　財産権の内容は、公共の福祉に適合するやうに、法律でこれを定める。

3　私有財産は、正当な補償の下に、これを公共のために用ひることができる。

国家賠償には、国家賠償法という一般的な法典がありますが、損失補償にはそのような通則的な法典はありません。土地収用法などの個別の規定があるだけです。ただ、個別の規定なしに個人の財産権に特別の犠牲を課したときも、憲法29条３項はプログラム規定ではなく具体的権利ですから、これに直接基づいて損失補償請求を求めることができます（最大判昭和43年11月27日）。

❷個々の問題点

憲法29条３項の規定は、財産権に対する補償を定めています。ですから、非財産的価値としてたとえば、先祖から代々受け継いだ土地を失う精神的苦痛は、補償対象にされていません。ただ、民事上の不法行為では慰謝料も賠償額の基礎に組み入れられていますから、およそ補償の対象外とするのはいきすぎでしょう。判例には、輪中堤（集落や耕地の周囲に設けられた堤防）の文化財的価値について、経済的な価値ではない特殊な価値だとして、土地収用法上の損失補償を認めなかった例があります（最判昭和63年１月21日）。

損失補償が認められるのは、権利利益の「制約」が「特別の犠牲」と言えるときにかぎります。誰しもが負担すべき一般的制約は対象外です。租税の負担などはその典型です。「特別の犠牲」にあたるかどうか、つまり補償の要否の基準は、①一般人に対する制約か、特定人に対する制約か（形式的基準）と、②財産権の制約として受忍限度内の制約か、それを超えて財産権の本質的内容を侵すほど強度の制約か（実質的基準）、を総合考慮して判断されます。

補償されるのは「正当」な補償であり、それが完全補償か相当補償かは複数の判例がでていますが、行政法ではそれ以上に、生活再建補償の問題が重要です。たとえば、ダムの建設で、村全体が収用されるようなときに、生活の基盤そのものが奪われることになります。土地の代金をあてがうだけではなく、生活を再建するための補償が求められるのです。たとえば、都市計画法74条は、被補償者に対して、土地や建物を取得したり、職業の紹介することをあっせんすることを求めることができるとしています。これが損失補償の内容なのか、それとも政策的なものなのかは問題がありますが、都市計画法の文言は、「……申し出ることができる」（同１項）、「……努めるものとする」（同２項）と定めているので、住民の権利として認められているわけではありません。しかし、お金を渡して済ませられる問題ではないことに配慮していることには注目すべきでしょう。

▶▶▶都市計画法第74条（生活再建のための措置）

1　都市計画事業の施行に必要な土地等を提供したため生活の基礎を失うこととなる者は、その受ける補償と相まつて実施されることを必要とする場合においては、生活再建のための措置で次の各号に掲げるものの実施のあつせんを施行者に申し出ることができる。

一　宅地、開発して農地とすることが適当な土地その他の土地の取得に関すること。

二　住宅、店舗その他の建物の取得に関すること。

三　職業の紹介、指導又は訓練に関すること。

2　施行者は、前項の規定による申出があつた場合においては、事情の許す限り、当該申出に係る措置を講ずるように努めるものとする。

営業自粛と損失補償

営業自粛要請に従った場合、その期間中売り上げによる収入を得ることができません。事業者の立場からしてみれば、政府の要請に従って損失を被ったのであるから、それを補償してほしいと願うはずです。

この損失補償が認められるか否かの争点は、事業者が被った損失が、財産権の内在的制約として受忍限度内の制約と言えるか、それともそれを超えて財産権の本質的内容を侵すほど強度の制約と言えるか、に尽きます。

補償を認めたくない国としては、感染症の流行による営業自粛に至る可能性は営業活動をしている以上当然にありうる事態であり、営業自粛に伴う損失は財産権の内在的な制約の範囲内であると主張するでしょう。

一方で、補償を請求したい事業者の立場からすれば、営業自粛の要請を受けない事業もあるなかで、自分たちだけが多大な損害を被っているのはおかしいとして、営業自粛に伴う損失は財産権の内在的制約の範囲を超えていると主張するでしょう。

このように、どこまでが内在的な制約にとどまるのかの線引きは非常に難しく、その判断のためには様々な要素を考慮する必要があるのです。

第5章　現代の行政法

I　行政法の基本構造は近代行政法モデルから生まれた

以上のように、行政行為を中心に据え、それを法律でコントロールし、違法行政が行われれば裁判でそれを正す、というのが行政法の基本構造です。

この構造は、国家と市民社会を区別する近代法の考え方に基づいて作られたものです。近代では、市民の自由と安全を守ることが国家の役割でした（小さな政府、消極国家）。政府は、警察や国防など、公共の秩序と安全を守るために必要なことを果たせばよいと考えます。ですから、他者の自由を侵害したり、安全を脅かすような市民活動に対して権力的に規制を行う規制行政こそが、行政活動の中心です。近代行政法は、権力を背景にしながら規制行政を行う行政主体と、それに服する私人という二面関係にスポットをあて、誤った規制で私人が被害を受けないように行政を法律でコントロールし、もし法律違反があれば裁判で事後救済するシステムを中心として成立しました。そして今日でも、このようなモデルが行政法の基本に据えられています。

残念ながら、訴訟要件のハードルの高さなどから、このような近代行政法のモデルすら十分に機能してこなかったのが、日本の行政法の現状でしたが、この点は2004（平成16）年法改正によって改善されました。その一方で、現代行政は複雑化し、以下のように、近代行政法のモデルだけでは問題を合理的に解決しきれなくなってきています。本格的な学習に入る前に、現代行政法のいくつかの視点をもっておくことは有効です。

Ⅱ　現代行政法の視点１
——規制行政から給付行政へ

近代末期になると、自由競争と小さな政府が、貧富の差の拡大を招き、階級対立が激化するにつれて、資本主義経済は修正を迫られます。富める者の自由を制約し、貧しい者の自由を実質化するために、所得の再分配を国が担うべきだと考えられるようになりました。生存権（憲法25条）、教育を受ける権利（同26条）、労働基本権（同27条）のような社会権はそのような文脈で理解される人権です。国が国民福祉の実現を主要目標にするこのような国家を福祉国家といいます。福祉国家において、行政は、健康で文化的な最低限度の生活を保障するために、国民に対して金銭やサービスを給付する役割を担うようになります。行政が行うこのような活動分野を、給付行政といいます。給付行政は、社会福祉の分野にかぎらず、ごみ処理や上下水道などの生活サービス、道路などの公共サービスを給付する分野を含むものです。

このような給付行政の分野では、近代行政法のモデルが必ずしもうまく機能しません。たとえば、生活保護を求めて役所に申請をしたところ、申請拒否処分を受けたとします。取消訴訟で救済できるのは、せいぜい、拒否処分の取消判決です。判決には、拘束力がはたらいて、同じ理由で同じ処分をすることは禁止されますが（行政事件訴訟法33条１項）、役所が別の理由で拒否することはありえます。端的に、「支給しろ」という命令を裁判所が行政に出すほうが簡明です。

▶▶▶行政事件訴訟法第33条

1　処分又は裁決を取り消す判決は、その事件について、処分又は裁決をした行政庁その他の関係行政庁を拘束する。

2　申請を却下し若しくは棄却した処分又は審査請求を却下し若しくは棄却した裁決が判決により取り消されたときは、その処分又は裁決をした行政庁は、判決の趣旨に従い、改めて申請に対する処分又は審査請求に対する裁決をしなければならない。

3　前項の規定は、申請に基づいてした処分又は審査請求を認容した裁決が判決により手続に違法があることを理由として取り消された場合に準用する。

4　第1項の規定は、執行停止の決定に準用する。

このような事態に対処するために、2004（平成16）年の行政事件訴訟法改正では、義務付け訴訟が明記され（行政事件訴訟法３条６項、同37条の２、同条の３）、一定の解決が試みられています。ただ、構造的には、給付行政の分野で取消訴訟による救済に限度があることを示す一例といえます。規制行政をベースの構築された近代行政法モデルが給付行政に対応しきれているか、という視点をもつことは、現代の行政法を学ぶ上で重要な視点です。

Ⅲ　現代行政法の視点２ ——二面関係から三面関係へ

規制する行政主体と規制を受ける私人という二面関係を中心に据えるのが近代行政法モデルです。規制権限をもっていても、行政はその権限を使わないほうが、私人にとっては自由に行動ができるのでよいということになります。規制権限を行使するための要件がそろったからといって、ただちに規制に乗り出すのではなく、状況を見て必要なときだけ規制すればよいのです。規制するかどうかに行政の裁量を認めるこのような考え方を、行政便宜主義といい、それは古典的な自由主義に適合する考え方でした。

ところが、現代行政では、行政が規制権限を発動することを求める私人の立場も無視できなくなっています。薬害問題が典型例です。たとえば、薬害エイズ事件は、血友病患者などに対して、非加熱血液製剤を治療に使用したことにより、多くのHIV感染者やエイズ患者を生みだしてしまいました。当時、非加熱血液製剤の危険性がアメリカで明らかになっていたのに、厚生省（当時）は規制権限、具体的には、非加熱製剤をすみやかに回収したり、加熱製剤に切り替えるなどの措置をとらなかったのです。薬がもつ危険性を患者が知りうるはずはなく、行政こそが最終的に責任をもって規制しなければならなかったと言えます。また新聞の社会面で問題になるレベルでも、犯人につきまとわれた女性からの相談に対して警察が適切な策を講じていなかったために、女性が殺されてしまったという事件もあります。こんにゃくゼリーをのどに詰まらせて亡くなった子どもの遺族が行政に規制を求めるというのも、同じコンテクストの問題です。

どこまで行政に規制権限を行使させるべきかは、個別に判断しなければなりません。しかし、ともかく、私人は行政から規制を受ける相手方にすぎない、という近代行政法が想定した構図だけでは、国民の行政需要に対応できない状況になっているのです。行政が、ある私人に規制権限を行使することによって利益を受ける他の私人も存在するという三面関係の構図で行政法関係を捉えていくことが必要になっているのです。

最近では、筑豊じん肺訴訟最高裁判決（最判平成16年４月27日）や、水俣病関西訴訟（最判平成16年10月15日）において、規制権限の不行使を違法とする国家賠償責任が認められました。

三面関係という視点は、2004（平成16）年の行政事件訴訟法改正においても考慮されています。たとえば、「法律上の利益」を法の文言だけではなく、法全体から実質的に判断すべきとする９条２項は、処分の直接の名宛人以外の第三者にも原告適格を認めやすくするものです。また、新たに導入された義務付け訴訟は、規制権限を発動するように求めるのに活用することが期待されています。

二面関係から三面関係へという視点は、判例や立法の動きを捉えるばかりでなく、さらに、近代行政法モデルでは十分な解決ができない問題を見る視点として有効です。

Ⅳ　現代行政法の視点３
——事後救済から事前予防へ

近代行政法は、行政活動が誤って行われないように法律で規制すること、もし規制違反の行政活動が行われれば、事後的に原状回復や金銭救済を、裁判によって図るモデルを基本においています。しかし、問題が起きてから事後対処するよりは、問題が起きないように事前予防するほうが、より権利利益の保護に厚いといえます。他方で、戦後、日本国憲法の解釈論として、適正手続保障（日本国憲法31条）という発想が進化してきたことはすでに触れました（第１編第４章）。こうして、1993（平成５）年に行政手続法が制定されました。私人の権利利益を侵害しやすい「処分」「指導」「届出」の３つについて、それらの事前手続を規制することを通じて、行政運営における公正の確保と透明性を向上させることを狙うものです。具体的な規制内容は、行政機関に処分基準の設定・公表義務を課すなど、すでに見たとおりです（第１編第４章Ⅰ）。

ただ、当時の行政手続法がスポットをあてたのは、行政処分や行政指導など、行政主体と私人の二面関係でした。いわば「行政手続の近代化」をめざしたものといえます。ただ、現代では行政関係を三面関係という視点から見ることはもちろん、行政計画を作る事前手続などでは、もっと多くの利害関係人との調整が求められます。行政手続法は、法の目的を定めた１条で、行政運営における透明性の確保を定めています。「透明性」とは、法が明示するとおり「行政上の意思決定について、その内容及び過程が国民にとって明らかであること」です。ですから、行政立法や行政計画などを含めて、行政の事前手続に民主主義を浸透させることが透明性の向上につながります。

そこで、2005（平成17）年の行政手続法改正では、パブリック・コメント手続が法制化されました。法律に基づく命令や規則、審査基準、処分基準、行政指導指針について行政がルールを作るときに、事前に案を国民に示し、意見・情報についてインターネットを通じて集め、それを公表して結果を公示するという手続です。いわば、行政立法の事前手続と言えます。こうして、「行政手続の現代化」が一部実現したのですが、同じように重要な行政計画の策定手続は、一般的な形で事前手続が定められるにはいたっていません。

Ⅴ　現代行政法の視点４
――情報独占から情報公開へ

行政にはさまざまな情報が集まっています。婚姻や離婚歴、家族関係に関する情報や犯罪歴や入院歴の有無などはもちろん、たとえば、税務署がある人に課税処分をするときにも、その人の所得がいくらあるか、扶養家族はいるか等の情報があって初めて税額が確定します。それらは、行政が仕事をするのに必要な情報なのです。仕事で使うために集めた情報だとすると、そういう仕事をするわけではない一般市民に情報を知らせる必要はないともいえます。近代法が成立した当初はもちろん、ごく最近まで、行政が集めた情報を行政が独占することは当然のことで、それに特に問題意識をもつ人はいませんでした。

しかし、考えてみれば、行政は、隣人や友人とは違います。民主主義・国民主権の国では、主権者である国民によって選挙で民主的に選ばれた人がコントロールする形で行政活動は行われるべきものです。ですから、行政がどういう情報をもっているかを知ることは、行政を民主的にコントロールするためには不可欠のことと言えます。行政がもつ情報を知り、各々の人が国のあり方を考え、それを実現してくれる代表者を選び、その代表者が選挙民の負託に応えて行政をコントロールするときに、民主主義は初めて機能するのです。特に、現代福祉国家のもとでは、国民の多様な行政需要に応えるために、日常業務に付随する情報だけでなく、さまざまな情報を積極的に集めており、そうして蓄積された情報にアクセスすることがますます重要になってきています。

そこで、政府は、国民に対して、自らの諸活動を説明する義務（説明責任）を負う、国民はそれを知る権利があるということが意識されるようになってきたのです。いわば、政府がもつ情報は、政府が独占するのではなく、公開すべきだという情報公開の流れに変わってきたのです。

その仕組みとして、情報公開法、個人情報保護法、政策評価法などがあることはすでに説明したとおりです（第１編第５章Ⅱ）。

第3編　理解度クイズ③

1　法律による行政の原理の価値基準とは言えないものはどれか。

①　民主主義

②　福祉主義

③　自由主義

2　法律による行政の原理の内容でないものはどれか。

①　法律の委任

②　法律の優位

③　法律の留保

④　法律の法規創造力

3　法律の根拠がなくてもできると考えられている行政活動はどれか。

①　行政行為

②　行政強制

③　行政指導

4　正しいものはどれか。

①　行政行為には公定力があるので、先に取り消しておかないと国家賠償を請求できない。

②　自力執行力とは、行政上の義務を行政みずから実現できる行政行為の効力である。

③　根拠となる法律が多義的な定め方をしている行政行為は自由裁量行為である。

④　自由裁量行為は、裁判で違法性を争う余地がない。

5　行政救済法上の制度でないものはどれか。

①　取消訴訟制度

②　国家賠償制度

③　行政手続制度

④　行政上の不服申立て制度

⑤　損失補償制度

6　正しいものはどれか。

①　行政事件訴訟法の訴訟類型に定められる民衆訴訟は、法律の定めがなくても裁判所に起こすことができる。

②　最近の判例は、処分性や原告適格の認定をゆるやかに認めて、訴訟要件を緩和する動きがある。

③　2004（平成16）年の行政事件訴訟法改正では、取消訴訟中心主義を徹底しながら、その訴訟要件を緩和する方向で救済の間口が広げられた。

7　正しいものはどれか。

①　非番の公務員の行為は職務執行とは言えないので、職務執行の外形を備えていても、国家賠償法1条の責任は成立しない。

②　国家賠償法1条の責任が成立しても、行政主体は、違法行為を行った公務員に求償を求めることはできない。

③　改修後の河川が氾濫しても、行政が必ずしも責任を負うとはかぎらない。

④　憲法29条3項を直接の根拠として損失補償を請求することは認められない。

8　現代行政法の特徴とは言えないものはどれか。

① 給付行政

② 三面関係

③ 事前救済

④ 情報公開

⑤ 規制行政

※解答は巻末

……あとがき

これからの学習法をお話しておきます。

行政法で学ぶのは行政法理論です。理論ですから体系的な組み立てになっています。ですから、行政法理論の全体像を頭にイメージできるようになることが重要です。どのような行政活動にどういう法規制が行われているか、違法行政にどういう救済が与えられるか。本格的な学習に入る前に必要なスキルとして、第３編以降の行政作用法と行政救済法の骨格を理解することが重要です。行政法のすべての出発点はここにあります。

そのような作用法と救済法とを中心とする古典的な行政法モデルが、現代ではどういう問題に直面しているか。そのキーワードが、給付行政、三面関係、事前予防などの視点です。本格的な行政法の学習に入ったら、それらが古典的行政法モデルの想定していなかった問題であることを思い出してください。

そして、何よりも行政法を憲法的に考えてみるというスピリットをもってください。憲法は理想を掲げる法ですから、そのすべてが日常の現実に、ただちに具体化されるとはかぎりません。しかし、理想は理想として、現実と切り離してしまうと、いつまでたっても憲法が私たちの日常に身近なものにはなりません。具体的な現実を少しでも憲法の掲げる理想の方向に引きあげる方法は、憲法を理解し、憲法的スピリットで行政法を考え、運用するしかないと思うのです。

本書で行政法に興味をもたれ、更に学習してみようという方にお薦めする本を何冊かあげておきます。資格試験や公務員試験用に学習をするなら、拙著『伊藤真試験対策講座13　行政法』（弘文堂）があります。大学の期末試験や授業の予習・復習用にも多く利用されていると聞きます。学者が書かれた本では、まず櫻井敬子・橋本博之著『行政法』（弘文堂）があります。視点が新しく、簡潔で要を得た記述で、法曹志望者に人気があるようです。櫻井敬子著『行政法のエッセンス』（学陽書房）は、教科書ではありませんが、現代的な問題意識が豊富な良書で、本書を書くときに常に念頭にあった本です。少しやさしめの教科書に畠山武道・下井康史編著『はじめての行政法』（三省堂）があります。法曹以外の国家試験をめざす方にはこちらのほうがよいかもしれません。

司法試験でもようやく「六法」並みの扱いを受けるようになった行政法ですが、決定版といえる確固とした行政法理論が確立されているわけでもなく、これ一冊で大丈夫と言えるような書物はありません。それだけに、自分の頭で考えるおもしろさをもっとも味わうことができる科目でもあります。そのときに、ぜひ憲法的スピリットから考え、憲法を皆さんが身近に感じることができるようになることを願っています。

◆◆判例索引◆◆（本文の引用順）

第1編　憲法と行政法

第3編　行政法の基本構造

【第１編　理解度クイズ①解答】

1　①

2　③

3　②

4　④

5　④

6　②

【第２編　理解度クイズ②解答】

1　①

2　②

3　①

【第３編　理解度クイズ③解答】

1　②

2　①

3　③

4　②

5　③

6　②

7　③

8　⑤

伊藤 真（いとう・まこと）

［略　歴］

1958年　東京生まれ。1981年　司法試験に合格後、司法試験等の受験指導に携わる。

1982年　東京大学法学部卒業後、司法研修所入所。1984年　弁護士登録

1995年　15年間の司法試験等の受験指導のキャリアを活かし、合格後、どのような法律家になるかを視野に入れた受験指導を理念とする「伊藤真の司法試験塾」（その後、「伊藤塾」に改称）を開塾。

伊藤塾以外でも、大学での講義（慶應義塾大学大学院講師を務める）、代々木ゼミナールの教養講座講師、日経ビジネススクール講師、全国各地の司法書士会、税理士会、行政書士会、弁護士会等の研修講師も務める。

現在は、予備試験を含む司法試験や法科大学院入試のみならず、法律科目のある資格試験や公務員試験を目指す人達の受験指導をしつつ、「一人一票実現国民会議」及び「安保法制違憲訴訟」の発起人となり、弁護士として社会的問題にも取り組んでいる。

（一人一票実現国民会議URL：https://www2.ippyo.org/）

［主　著］

『伊藤真の法律入門シリーズ』（全８巻）、『合格セレクション』（全７巻）、『明日の法律家へ』（以上、日本評論社）、『伊藤真試験対策講座シリーズ』、『伊藤真ファーストトラックシリーズ』、『伊藤真の条文シリーズ』、『伊藤真の判例シリーズ』、『試験対策問題集　短答』、『試験対策問題集　論文』、『試験対策問題集　予備論文』、『試験対策問題集　新・論文』（以上、弘文堂）、『伊藤真が選んだ短答式一問一答1000』（法学書院）など多数。

伊藤塾　　東京都渋谷区桜丘町17-5　　☎03（3780）1717
https://www.itojuku.co.jp/

伊藤《いとう》 真《まこと》の行政《ぎょうせい》法入門《ほうにゅうもん》 第３版――講義再現版

●――2011年３月30日　第１版第１刷発行
2015年５月25日　第２版第１刷発行
2021年10月10日　第３版第１刷発行

著　者――伊藤　真

発行所――株式会社　日本評論社
〒170-8474　東京都豊島区南大塚3-12-4
電話03-3987-8621（販売）――8592（編集）　振替 00100-3-16

印刷所――精文堂印刷株式会社

製本所――株式会社難波製本

検印省略 © M. ITOH　2021

装幀／Malpu Design（清水良洋）、装画／Malpu Design（佐野佳子）

本文図版／Malpu Design（渡邉雄哉）

Printed in Japan

ISBN 978-4-535-52605-1